DUMONT EXTRA

Italienische Riviera

Christoph Hennig

Inhalt

Benv

Seit 150 Jahren zählt die italienische Riviera zu den beliebtesten Reisegebieten der Welt, und ihr Reiz ist noch immer ungebrochen. Breite Sandstrände, verwinkelte Kleinstädte und Dörfer, aufregende Steilküsten, dazu stille Wanderwege, ruhige Gebirgstäler und das pulsierende Leben der Großstadt Genua – hier ist für jeden etwas da: für Naturfreunde und Badeurlauber, für Kulturreisende und Lieb-

enuti!

haber guten Essens. Ligurien ist heute eine moderne, wohlhabende Region, doch in der Architektur, dem Landschaftsbild, der Küche bleiben die alten Traditionen noch spürbar. Benvenuti! – Willkommen! – an der italienischen Riviera: an den Stränden von Alassio und Finale Ligure, in der Altstadt von Genua, in den faszinierenden Landschaften des Monte Portofino und der Cinque Terre!

Italienische Riviera

Die italienische Riviera zeigt viele Gesichter, doch alle sind sie vom Meer und den Bergen geprägt. Die steilen Hänge der Seealpen und des Apennin drängen sich dicht an die Küste. Fast überall wirken die Ufer abwechslungsreich und interessant. Mal steigen terrassierte Weinberge und Ölbaumhaine direkt am Wasser an, wie in den Cinque Terre; an anderen Stellen stürzen schroffe Felsen zum Meer ab; selbst in Genua erblickt man überall den Ring der Anhöhen, der die Stadt umgibt. Weiter westlich, an der Riviera di Ponente, öffnen sich ausgedehnte, von Hügeln umgebene Schwemmlandebenen zur Küste. Hier liegen breite, seit langem bei den Urlaubern beliebte Sandstrände, wie beispielsweise in Alassio und Finale Ligure.

Seit 150 Jahren gehört die Riviera zu den bekanntesten europäischen Reisegebieten. Ihre landschaftliche Schönheit, das milde Klima und die subtropische Vegetation zogen schon im 19. Jh. diejenigen an, die sich den Luxus eines Aufenthalts im Süden leisten konnten: Angehörige der aristokratischen und bürgerlichen Oberschicht aus England, Deutschland und Russland. Sie überwinterten an der Küste und bildeten in den Ferienorten große Gemeinschaften. Um 1900 lebten beispielsweise in Bordighera mehr Engländer als Einheimische!

Heute reisen jährlich rund drei Millionen Urlauber nach Ligurien, darunter 400 000 Deutsche und 100 000 Schweizer. Die Mehrzahl von ihnen fährt zum Strandurlaub in die Badeorte der Riviera di Ponente. Immer beliebter wird Ligurien aber auch als Ziel von Wanderferien. Vor allem das Vorgebirge von Portofino südlich von Genua und die Cinque Terre im äußersten Südosten der Region bieten sich dafür an. Auch die kulturellen Reize sind nicht zu unterschätzen. In Genua finden sich bedeutende Kunstwerke und interessante Museen, und viele andere Orte locken mit gut erhaltenen alten Stadtzentren, romanischen und gotischen Kirchen oder mittelalterlichen Burgen.

Viel Landschaft, ein wenig Kunst, sonniges *dolce vita,* nicht zu vergessen die kulinarischen Genüsse, und das alles immer im Anblick des Meeres und der Berge – diese Kombination macht den Reiz der Riviera aus. Dabei erlebt

Das ist Urlaub pur: Baden, faulenzen, braun werden

man starke Kontraste. Wenige Kilometer trennen die lebhaften Städte der Küste von stillen Bergdörfern, in kurzer Zeit gelangt man aus dem Trubel der Badeorte in einsame, unberührt wirkende Landschaften. Luxusrestaurants und urige Trattorien, Diskotheken und abgelegene Wallfahrtskirchen, die verkehrsreichen Küstenstraßen und die Orchideenwiesen des Hinterlandes, Appartementhäuser und steinerne Hirtenhütten – in solchen Gegensätzen liegt die Vielfalt Liguriens, einer modernen Region, deren Traditionen noch überall spürbar bleiben.

Das angenehm milde Klima bildet einen besonderen Anziehungspunkt. Wie an der benachbarten Côte d'Azur schützen Gebirge das Gebiet vor Nord- und Ostwinden, außerdem sorgt die ausgleichende Wirkung des Meeres für milde Winter. Es gibt kaum Frosttage, die durchschnittlichen Temperaturen im Januar liegen bei 8–10 °C, etwa so hoch wie am Golf von Neapel oder in Sizilien. Man kann sagen: Der Winter fällt hier aus. Das ganze Jahr ist Blütezeit, schon im Februar strahlt das Land im Glanz gelb leuchtender Mimosen, aber auch Rosmarin und Veilchen blühen bereits so früh. Wenig später kommen die Obstbäume dazu, dann Orchideen und Anemonen, Ginster und Mohn, Zistrosen und Myrte. Zahlreiche exotische Gewächse sind an der Riviera heimisch geworden: außer Orangen, Zitronen und Palmen auch Feigenkakteen und Agaven, Bougainvillea und Kakibäume. Für Pflanzenfreunde ist die Gegend äußerst spannend, zumal sich die Flora in den unterschiedlichen Höhenlagen artenreich entwickelt. Vom Küstenstreifen erheben sich die Hänge bald zu Mittelgebirgslagen mit ausgedehnten Laubwäldern, darüber gelangt man in Hochgebirgszonen mit Nadelwäldern, kargen Bergwiesen und Gebirgsblumen. Der höchste Gipfel Liguriens ist der 2200 m hohe Monte Saccarello nördlich von San Remo.

Genua bildet das wirtschaftliche und kulturelle Zentrum der Region. Hier wohnen knapp 650 000 Menschen, das sind rund 40 % der Gesamtbevölkerung Liguriens. Die lebhafte Großstadt schafft eine faszinierende Verbindung der Gegensätze. Edel restau-

Boote in allen Größen, ob vor dem Palazzo di San Giorgio in Genua

rierte Barockpaläste erheben sich in verwinkelten Altstadtgassen, bröckelnde Fassaden rahmen elegante Geschäfte, vornehme Cafés stehen an chaotischen Straßenmärkten. Einst eine der wohlhabendsten Städte Italiens, hat Genua unter dem Niedergang der Schwerindustrie und des Schiffsbaus wirtschaftlich gelitten. Heute profiliert sich die Stadt neu als Dienstleistungszentrum. Die Baumwollspeicher am Hafen wurden nach Plänen des Stararchitekten Renzo Piano zu einem Messe- und Ausstellungsgelände ausgebaut. Das ebenfalls am Hafen gelegene *Acquario* – der größte Meerwasserzoo Europas – hat sich zu einer der beliebtesten touristischen Attraktionen Italiens entwickelt. Auch die Spuren vergangener Größe kann man in Genua noch sehen. Aus der mittelalterlichen Blütezeit sind der Dom San Lorenzo und viele romanische Kirchen erhalten geblieben. In der Via Garibaldi stehen die prunkvollen Palazzi der genuesischen Bankiers, die bis ins 18. Jh. hinein zu den reichsten Kaufleuten Europas zählten.

Auch zahlreiche andere ligurische Städte haben interessante historische Zentren. Imperia wird von der großen Kuppelkirche San Maurizio überragt, in Albenga prägen mittelalterliche Geschlechtertürme das Bild, Noli zeigt uralte enge Gassen, Sestri Levante liegt eindrucksvoll auf einer Halbinsel, in Chiavari säumen Laubengänge die Straßen des Zentrums. Besonders schön sind zudem die vielen kleinen Dörfer, die sich mit farbigen Häusern malerisch in Meeresbuchten drängen oder von Anhöhen übers Land blicken. Portofino und die Ortschaften der Cinque Terre – vor allem das fotogene Vernazza – sind weltweit berühmt. Daneben gibt es weniger bekannte und trotzdem sehr sehenswerte Orte, beispielsweise Dolceacqua, Pigna, Apricale und Triora im Hinterland der Blumenriviera, das direkt über dem Meer gelegene Cervo, Framura an der

... oder an der Hafenmole von San Remo

Riviera di Levante, Tellaro an der Grenze zur Toscana und viele andere.

In diesen idyllischen Dörfern hat man häufig das Gefühl, in einer anderen Epoche anzukommen – in einer Welt der Fischer, Bauern und Winzer, an der die heutige Zeit spurlos vorbeigeht. Doch dieser Eindruck täuscht. Die Landwirtschaft spielt in Ligurien keine große Rolle mehr, meist wird sie im Nebenerwerb oder von Pensionären betrieben. Nur noch 4 % der Berufstätigen sind im Agrarsektor tätig. Mehr als die Hälfte der Ligurer arbeitet heute im Dienstleistungsbereich und in der Verwaltung, knapp ein Viertel in der Industrie. Die Riviera ist kein ›rückständiges‹ oder ›altmodisches‹ Gebiet. 80 % der Bewohner leben in Städten, nur wenige Menschen blieben in den abgelegenen Bergregionen zurück. Diese Gegenden wirken daher umso einsamer, aber sie sind nicht repräsentativ für den Lebensstil der Einheimischen.

Dennoch bleiben viele Traditionen bewahrt. Das gilt – zur Freude der Reisenden – auch für die kulinarischen Genüsse. Zwar werden in manchen Restaurants der Küstenorte die Touristen lieblos abgespeist. Überall aber findet man zum Glück an den richtigen Adressen auch die schmackhaften Gerichte der ligurischen Küche. Ihre Grundlagen sind Olivenöl, Kräuter und Gemüse. Am bekanntesten ist das *pesto,* eine Sauce aus Basilikum, Knoblauch, Olivenöl, Pinienkernen und Parmesan, die zu Nudelgerichten gereicht wird. Vielleicht noch besser: die köstliche Walnuss-Sauce, die meist mit gefüllten Teigwaren (wie *ravioli* und *tortelli)* serviert wird. Dazu kommen Fischgerichte, Kaninchen mit Rotwein und Oliven, im Herbst Steinpilze und viele andere Köstlichkeiten. Die Riviera lädt nicht nur zum Baden ein, sondern auch zum Wandern, Schauen, zum genüsslichen Bummeln und, nicht zuletzt, zum Speisen...

Geschichte

Siesta im Kreuzgang

Um 40 000 v. Chr.	Erste Besiedlungsspuren des Homo Sapiens (Cro-Magnon-Mensch) in Höhlen an der Küste, z. B. bei Ventimiglia und Finale Ligure.
Ab ca. 1200 v. Chr.	Im Gebiet der Riviera siedeln die Ligurer, deren Sprache und Religion keltische Einflüsse zeigen.
205–175 v. Chr.	Im Zweiten Punischen Krieg stellen sich die Ligurer gegen Rom auf die Seite der Karthager. Nach langen Auseinandersetzungen unterwerfen die Römer das Gebiet.
175 v. Chr.– 5. Jh. n. Chr.	Ligurien steht unter römischer Herrschaft, spielt aber im römischen Reich nur eine untergeordnete Rolle.
537	Ligurien gelangt unter die Herrschaft von Byzanz.
Um 640	Eroberung Liguriens durch den germanischen Stamm der Langobarden.
9. Jh.	Die Region steht nominell unter der Herrschaft der deutschen Kaiser.
11. Jh.	Durch die Beteiligung am Ersten Kreuzzug 1099 erhält Genua starken Einfluss im Orient und entwickelt sich zu einer der bedeutendsten Handelsmächte Europas.
12./13. Jh.	Blütezeit des Seehandels. Außer Genua bilden auch Ventimiglia, Porto Maurizio, Albenga, Noli und Savona selbständige Stadtrepubliken.

15. Jh.	Die Eroberung Konstantinopels durch die Türken (1453) und die Entdeckung des Seewegs nach Amerika durch den in Genua geborenen Christoph Kolumbus führen zu einer Verlagerung der internationalen Handelsströme. Die wirtschaftliche Position der Gegend wird geschwächt.
16./17. Jh.	Mit der Ernennung des genuesischen Flottenkapitäns Andrea Doria zum Admiral der spanischen Armada (1528) beginnt eine neue Blüteperiode der Stadt. Die Banken Genuas finanzieren die spanischen Kaiser und andere Fürstenhäuser Europas. Genua gilt als reichste Stadt des Kontinents.
1797	Mit dem Einmarsch der Armee Napoleons endet die jahrhundertelange Selbständigkeit Genuas. Ligurien gelangt unter französische Herrschaft.
1815–1861	Ligurien ist Teil des Königreichs Piemont-Savoyen.
Um 1850	Beginn des Tourismus an der Riviera. Vor allem Angehörige der britischen, russischen und deutschen Oberschicht verbringen den Winter an der Küste.
1861	Ligurien gehört zum neuen Königreich Italien. Großer wirtschaftlicher Aufschwung in den Hafenstädten Genua und La Spezia.
1872–1874	Bau der Eisenbahnlinie an der Küste und weitere Zunahme des Tourismus.
1922	Machtergreifung der Faschisten in Italien.
1943–1945	Partisanenkämpfe im Hinterland gegen die faschistische Regierung und die deutsche Besatzung.
Ab 1960	Starkes Anwachsen des Tourismus, vor allem an der Riviera di Ponente. Landflucht in den Berggebieten. Die Bedeutung der Landwirtschaft geht stark zurück.
1970	Eine Verfassungsreform gibt der Region Ligurien stärkere Autonomie.
1999	Das Gebiet der Cinque Terre wird zum Nationalpark erklärt.
2001	Bei den Parlamentswahlen erringt das Mitte-Links-Bündnis *L'Ulivo* in Ligurien – im Gegensatz zum landesweiten Trend – eine große Mehrheit.

Gut zu wissen!

Ausgehfein gemacht

Autofahren: Italienische Autofahrer halten sich nicht streng an die Vorschriften, fahren dafür aber im Allgemeinen sehr aufmerksam. Parkverbote sollte man beachten, die Polizei kontrolliert gründlich und verhängt saftige Bußgelder.

Badekleidung: In Badekleidung, barfuß oder mit nacktem Oberkörper sollte man grundsätzlich keine Läden, Bars und Restaurants (außer Strandbars) betreten. In manchen Orten (z. B. Alassio) riskiert man dafür sogar ein Bußgeld!

Bars: Speisen und Getränke sind auf den Sitzplätzen *(al tavolo)* oft viel teurer als am Tresen *(al banco)*. Der mit ca. 1 € ausgezeichnete Espresso kann in einem noblen Café dann 2,50 € kosten.

Briefe: Briefe nach Deutschland, Österreich und in die Schweiz sind von Italien oft 4–5 Tage, manchmal auch länger unterwegs. Man kann die Laufzeit allerdings beschleunigen (relativ zuverlässig 2–3 Tage), wenn man einen Brief als *posta prioritaria* aufgibt. Ein *prioritaria*-Brief kostet 0,60 €, ein Normalbrief 0,40 €.

Cappuccino: Italiener trinken niemals Cappuccino nach dem Essen – damit erweckt man den Eindruck, nicht satt geworden zu sein. Ausländischen Gästen wird der Stilbruch gnädig verziehen.

Einladungen: Wenn Sie privat eingeladen werden, sagen Sie die Höflichkeitsformel *»con permesso«* (»mit Erlaubnis«) beim Betreten der Wohnung. Zu Essenseinladungen bringt man grundsätzlich etwas mit: eine Flasche Wein oder Blumen für die Hausfrau.

Höflichkeit: Im Umgang werden gern die höflichen Anredeformen *»signorina«* (mein Fräulein), *»signora«* (meine Dame) und *»signore«* (mein Herr) gebraucht, wobei zwischen *»signorina«* und *»signora«* streng unterschieden wird. Mit diesen Worten kann man auch im Restaurant Kellner und Kellnerinnen auf sich aufmerksam machen.

Quittungen: Die italienischen Steuergesetze schreiben vor, dass für jeden Verkauf und jede Dienstleistung – sei der Preis noch so gering – eine Steuerquittung *(rice-*

Am Strand reicht ein Minimum an Bekleidung

vuta fiscale) ausgestellt wird. Als ricevuta gilt in Läden der Kassenzettel. Kunden müssen ihn beim Verlassen des Geschäfts bei sich tragen – sonst werden sie selbst bußgeldpflichtig! Kontrollen sind zwar selten, aber immer möglich.

Sicherheit: Aufmerksamkeit ist vor allem in Genua geboten, wo relativ häufig Autos aufgebrochen werden. Stellen Sie Ihren Wagen unbedingt auf einem bewachten Parkplatz ab und entfernen Sie das Autoradio! Lassen Sie keine Wertsachen im Auto! In Genua kommen auch gelegentlich Handtaschendiebstähle vom Motorrad aus vor. Man schützt sich, indem man Handtaschen niemals zur Straßenseite hin trägt. Im Gedränge, insbesondere in öffentlichen Verkehrsmitteln und auf Märkten, achte man auf Taschendiebe. Es muss aber auch gesagt werden: In den Orten des Hinterlandes und in vielen kleineren Küstenorten sind Diebstähle praktisch unbekannt.

Sprache: An der Küste sprechen Hoteliers und Kellner gelegentlich deutsch. Englische Sprachkenntnisse sind häufiger, vor allem bei der jüngeren Generation. In den meisten Geschäften und Restaurants wird allerdings nur italienisch verstanden. Das wird ausgeglichen durch die große Bereitschaft fast aller Italiener, sich durch Zeichensprache zu verständigen.

Trinkgelder: Trinkgelder sind in Restaurants und Hotels – sofern nicht ohnehin »*servizio*« berechnet wird – zwar nicht unerlässlich, aber üblich. In Restaurants gibt man etwa 5 % des Rechnungsbetrags. Man rundet nicht mit »stimmt so« auf, sondern lässt das Geld beim Weggehen auf dem Tisch liegen.

Wasserqualität: Die Wasserqualität an den italienischen Küsten wird jährlich von den Gesundheitsämtern sowie von der Umweltschutzorganisation *Legambiente* kontrolliert. In den letzten Jahren waren die Ergebnisse an der Riviera durchaus erfreulich. Rund 80 % der Wasserproben waren sauber, verunreinigt waren einige Stellen an Flussmündungen sowie im Großraum Genua.

Feste & Unterhaltung

Februar
Die **Festa dei Saraceni** in **Taggia** (zwei Tage um den 15. Februar) erinnert an die Abwehr eines Sarazenenüberfalls vor fast 1000 Jahren.

Während des **Corso fiorito** in **San Remo** (Mitte Februar) ist die Stadt liebevoll und aufwendig mit Blumen geschmückt.

Das **Schlagerfestival,** ebenfalls in **San Remo,** wird in ganz Italien am Fernseher verfolgt. Es zieht jährlich Tausende von Besuchern an.

Der **Karneval** wird in vielen Orten der Küste gefeiert, z. B. in Chiavari, Sestri Levante, Moneglia, San Terenzo.

April
Die Tradition der **Karfreitagsprozessionen** ist noch überall lebendig. Die bekannteste Prozession findet in **Savona** statt.

Mai
Bei der **Sagra del pesce** in **Camogli** (2. Mai-Wochenende) brutzeln riesige Fischportionen auf der »größten Pfanne der Welt« (4 m Durchmesser) – und die Besucher dürfen sich gratis bedienen!

An **Fronleichnam** (bzw. dem darauf folgenden Wochenende) finden in **Imperia** und **Diano Marina** die **Infiorate** statt. Dabei legen die Einheimischen in mühevoller Arbeit große, kunstvoll gestaltete Blumenteppiche.

Juni
In der Hauptblütezeit feiern die **»Blumenschlachten«** *(Battaglie dei fiori)* in **Ventimiglia** und **San Remo** den Blumenreichtum der Riviera dei Fiori.

Juli
Das Fest der **Madonna del Montallegro** in **Rapallo** (1.–3. Juli) erinnert an eine Marienerscheinung im 17. Jh. Den Höhepunkt bildet ein großartiges Feuerwerk über dem Meer.

Beim **Sbarco dei Turchi** in **Ceriale** (1. Juli-Wochenende) spielen die Einheimischen in historischen Kostümen einen Seeräuberüberfall nach.

Das **Magdalenen-Fest** in **Taggia** (3. Juli-Sonntag) beeindruckt besonders durch die Aufführung eines mittelalterlichen Totentanzes.

Hunderte von kleinen Flammen beleuchten das Meer bei der **Festa di San Giacomo** in **Levanto** (25. Juli). Fahnenschwinger treten auf, und in einer berühmten Prozession tragen Büßer die schweren Holzfiguren der ›*Cristi*‹.

Jazz- und Bluesfestival in **San Remo** (2. Julihälfte).

August
Die **Bootsprozession Stella Maris** (1. August-Sonntag) führt von **Camogli** zum Vorgebirge von Punta Chiappa, wo vor den festlich geschmückten Schiffen eine Messe gelesen wird.

Die Höhepunkte des **Palio del Golfo** in **La Spezia** (1. August-Sonntag) sind eine Regatta und ein aufwändiges Feuerwerk.

Die **Torta dei Fieschi** in **Lavagna** (14. August) zählt zu den originellsten Festen der Region. Zur Erinnerung an eine Grafenhochzeit des Jahres 1240 wird eine 1000 kg schwere Torte unter den Besuchern verteilt. Historische Umzüge, Musik und Feuerwerk umrahmen die Kuchenspende.

Mariä Himmelfahrt *(Ferragosto,* 15. August) wird in vielen Orten mit Prozessionen und Straßenfesten gefeiert, die besonders stark besucht sind, denn dieser Feiertag stellt traditionsgemäß den Höhepunkt der Sommerferien dar.

Beim **Agosto Medievale** in **Ventimiglia** (Mitte August) nimmt die gesamte Stadt für eine Woche mittelalterliches Gepräge an. Zahlreiche Einheimische beteiligen sich in wunderschönen historischen Kostümen an Ritterspielen, Paraden und Prozessionen.

September

Das Ortsfest von **Recco** (1. September-Wochenende) zeichnet sich durch ein besonders schönes, weithin bekanntes Feuerwerk aus.

Das **Festival del Mito Modernismo** (1. Septemberwoche) gibt dem Badeort **Alassio** ein intellektuelles Flair mit Ausstellungen, Vorträgen, Lesungen literarischer Texte und Theateraufführungen.

Die **Regata dei Rioni** in **Noli** (2. September-Sonntag) erinnert an die Gründung der unabhängigen Stadtrepublik Noli im Jahr 1193. Die verschiedenen Stadtteile wetteifern u. a. in einer Ruderregatta, außerdem findet ein Umzug in historischen Kostümen statt.

Das **Fest des heiligen Venerius** in **Portovenere** (13. September) bietet mit einer Bootsprozession die einzige Gelegenheit im Jahr, auf die normalerweise für Besucher unzugängliche Insel Tino zu gelangen.

Prächtige Stimmung beim Ortsfest in Levanto

Die **Festa della Lumaca** in **Molini di Triora** (letzter September-Sonntag) wird zu Ehren der örtlichen kulinarischen Spezialität veranstaltet: der Schnecken.

Oktober

Der **Salone Nautico** in **Genua** (2. Oktoberwoche) zählt zu den größten Bootsmessen der Welt.

Feiertage

1. Jan.: *Capodanno* (Neujahr)
6. Jan.: *Epifania* (Dreikönigstag)
März: *Pasqua* (Ostern)
25. April: *Liberazione* (Tag der Befreiung vom Faschismus)
1. Mai: *Festa del Lavoro* (Tag der Arbeit)
2. Juni: Unità d'Italia (Nationalfeiertag)
15. Aug.: *Ferragosto* (Mariä Himmelfahrt)
1. Nov.: *Ognisanti* (Allerheiligen)
8. Dez.: *Immacolata Concezione* (Mariä Empfängnis)
25. Dez.: *Natale* (Weihnachten)
26. Dez.: Santo Stefano (hl. Stefan).

Essen & Trinken

Spezialitäten

An der italienischen Riviera werden vorwiegend Fischgerichte gegessen – sollte man meinen. Aber dies naheliegende Vorurteil ist falsch. Fisch war für die einfachen Leute der Gegend schon immer teuer, und heute liefern die ligurischen Gewässer nicht mehr so große Erträge, dass man damit die vielen Menschen versorgen könnte, die jedes Jahr im Badeurlaub Fisch speisen möchten. Die Konsequenz: Der größere Teil der in ligurischen Restaurants angebotenen Fische stammt aus anderen Regionen oder aus Zuchtanlagen.

Aber die ligurische Küche ist traditionell ohnehin mindestens ebensosehr Land- wie Seeküche. Die Gemüsegärten, Ölbaumhaine und Kräuterbeete der Region geben alles her, was man für schmackhafte Gerichte braucht. Wenn die Zutaten frisch sind, kommen dann köstliche Speisen auf den Tisch. Die bekannteste Nudelspezialität ist Pasta mit *pesto,* einer grünen Sauce aus Basilikum, Knoblauch, Olivenöl, Pinienkernen und Parmesan. Ebenfalls zu empfehlen: *pansotti alla salsa di noci,* mit Ricottakäse und Kräutern gefüllte Teigwaren in Walnuss-Sauce. Ein raffiniertes Nudelgericht sind die dünnen *tagliolini* mit schwarzem Tintenfischsugo.

Zu den Klassikern unter den Hauptgerichten gehört das Kaninchen auf ligurische Art. Es wird mit Rotwein, Rosmarin, Salbei, Knoblauch, Tomaten, Oliven und Pinienkernen langsam geschmort. Ein köstliches Rezept der früheren Arme-Leute-Küche ist die *buridda di seppie*, ein Tintenfisch-Eintopf mit Kartoffeln und Erbsen. Ebenfalls ein traditionelles Gericht ist die gefüllte Kalbsbrust *(cima alla genovese).* Die Standard-Fische der ligurischen Restaurants sind Goldbrasse *(orata)* und Seebarsch *(branzino);* in der interessantesten Zubereitungsart werden sie mit Oliven, Kartoffeln und Pinienkernen im Ofen gebacken.

Als regionale *dolci* findet man Kastanienkuchen, *Panettone genovese* (Hefekuchen mit Rosinen und Pinienkernen) und *amaretti* (Mandelmakronen). Daneben kommen in Ligurien all die anderen Dessert-Köstlichkeiten Italiens auf den Tisch: *Tiramisù, Panna cotta* und Eisspezialitäten.

Wann, was und wie

Das **Frühstück** ist in Italien sehr einfach. Italiener geben sich am Morgen meist mit einem *espresso* oder *cappuccino* und einem Hörnchen zufrieden. Dementsprechend fällt das Frühstück in manchen Hotels, vor allem in den unteren Kategorien, oft kärglich aus. Drei- und Vier-Sterne-Hotels stellen sich allerdings mittlerweile auf ausländische Gäste ein und bieten oft eine reichhaltige *prima colazione,* häufig vom Buffett.

Das **Mittagessen** wird im allgemeinen zwischen 12.30 und 14.30 Uhr serviert, das **Abendessen** von 19 oder 19.30 bis etwa 22 Uhr. Mittags und abends entfaltet sich die italienische Esskultur in aller Fülle. Man nimmt sich Zeit zum Genuss, die Italiener verzehren im allgemeinen mindestens zwei Gänge. Ein komplettes Menü besteht aus Vorspeise *(antipasto)*, erstem Gang *(primo:* Teigwaren oder Suppe), Hauptgericht *(secondo)* und Dessert *(dolce)*. Beilagen *(contorni)* werden gesondert bestellt. Brot und Gedeck *(pane e coperto)* werden meist mit einem Festpreis (im allgemeinen 1–2 €) in Rechnung gestellt, unabhängig davon, wieviel man verzehrt. Bedienungsgeld *(servizio)* wird manchmal extra berechnet, muss dann aber auf der Speisekarte angegeben sein. **Wichtig:** Bei Fischgerichten wird der Preis auf den Speisekarten meist pro 100 g *(etto)* angegeben, die gesamte Portion kostet also das Drei- bis Fünffache!

Nicht nur in vornehmeren, sondern meist auch in einfachen Lokalen setzt man sich nicht unaufgefordert an einen Tisch, sondern lässt sich einen Platz zuweisen. Um die Bedienung auf sich aufmerksam zu machen, spricht man sie mit *»signore«* (mein Herr), *»signora«* (meine Dame) oder *»signorina«* (mein Fräulein) an.

Kleines kulinarisches Alphabet

acciughe	Sardellen
agnello	Lamm
anatra	Ente
arrosto	Braten
branzino	Seebarsch
carciofi	Artischocken
cinghiale	Wildschwein
coniglio	Kaninchen
fagioli	Bohnen
fegato	Leber
fettuccine	Bandnudeln
fichi	Feigen
finocchio	Fenchel
fragole	Erdbeeren
funghi	Pilze
gamberetti	Krabben
gamberi	Garnelen
gnocchi	kleine Kartoffelklöße
insalata	Salat
insalata di mare	Salat aus Meeresfrüchten
limone	Zitrone
maiale	Schwein
manzo	Rind
mela	Apfel
melanzane	Auberginen
minestra	Suppe
moscardini	kleine Tintenfische
muscoli	Muscheln
orata	Goldbrasse
patate	Kartoffeln
pesca	Pfirsich
pesce	Fisch
pesce spada	Schwertfisch
pollo	Huhn
pomodori	Tomaten
porcini	Steinpilze
scaloppina	Kalbsmedaillon
sedano	Stangensellerie
seppia	Tintenfisch
sogliola	Seezunge
spinaci	Spinat
tagliatelle	Bandnudeln
tagliolini	dünne Nudeln
uva	Weintrauben
verdura	Gemüse
vitello	Kalb
vongole	Muscheln

Sport & Freizeit

Zu Fuß über Land

Baden

Im westlichen Küstenabschnitt, an der **Blumenriviera** zwischen Ventimiglia und San Remo, finden sich vorwiegend Kiesstrände; als Badeort am besten geeignet ist hier Bordighera. An der **Palmenriviera** zwischen Imperia und Finale Ligure erstrecken sich die schönsten Badebuchten der Region. Besonders ausgedehnte Sandstrände findet man in Diano Marina, Laigueglia, Alassio und Finale Ligure. Die feinsandigen Ufer sind allerdings im Hochsommer oft überfüllt. Weiter östlich bieten auch Noli, Spotorno, Albisola, Celle Ligure und Varazze gute Sand- und Kiesstrände.

Im **Großraum Genua** ist das Baden weniger empfehlenswert – die Wasserqualität läßt in der Umgebung der Großstadt zu wünschen übrig. Die landschaftlich sehr reizvolle **Halbinsel von Portofino** mit den Orten Camogli, Portofino und Santa Margherita Ligure weist nur mäßig interessante, meist kleine Strände auf. Breite Sand- und Kiesstrände gibt es am **Golfo di Tigullio** bei Lavagna und Cavi, einen schönen Sandstrand in Sestri Levante. Es folgen die angenehmen Badeorte Moneglia, Bonassola und Levanto mit geschützten kleinen Buchten. Die Region der **Cinque Terre** bietet vorwiegend Felsküsten, doch auch hier lässt sich baden, vor allem im größten Ort Monterosso mit einem breiten Kiesstrand.

Tauchen, Segeln, Surfen

Tauchen ist besonders interessant an der Riviera di Levante, beispielsweise an der Halbinsel von Portofino oder im Gebiet der Cinque Terre. An mehreren Orten gibt es Tauchschulen.

Möglichkeiten zum **Segeln** finden sich an der gesamten Küste.

Angeln ist im Meer ohne Erlaubnis möglich; für Binnengewässer benötigt man eine Genehmigung (Information bei den Touristenbüros).

Als interessanteste Orte zum **Surfen** gelten Varazze und Levanto, außerdem gibt es besonders geeignete Plätze bei San Remo, Alassio, Finale Ligure, Genua (Capo Marina) und Lerici.

Mit dem Gummiboot ins Wasser

Golf

18-Loch-Golfplätze finden sich bei San Remo, in Garlenda bei Albenga, in Rapallo, 9-Loch-Golfplätze in Marigola und in Arenzano.

Wandern

Das Gebiet der **Cinque Terre** im äußersten Südosten der Riviera wird jährlich von Zehntausenden von Wanderern aus aller Welt aufgesucht; mit seinen uralten Maultierpfaden hoch über dem Meer und den malerischen, vorzüglich erhaltenen Dörfern gehört es zu den beliebtesten Wanderregionen Europas. Aber auch in anderen ligurischen Gegenden findet man wunderschöne, gut markierte Pfade. Das Naturschutzgebiet des **Monte Portofino** lädt ebenso zum Wandern ein wie das hügelige **Hinterland von Finale Ligure.** Für ausdauernde Wanderer bietet sich der **Höhenweg der ligurischen Berge** *(Alta Via)* an, der in 44 Etappen auf der Höhe des Apennin durch die gesamte Region führt. Informationen erhält man bei den örtlichen Touristenbüros, Kartenmaterial ist im allgemeinen vor Ort erhältlich.

Kinder

Die für Kinder am besten geeigneten, seichten Ufer mit breiten **Stränden** liegen an der Riviera di Ponente zwischen Imperia und Finale Ligure sowie an der Riviera di Levante zwischen Moneglia und Levanto. **Segel-, Surf-** und **Kanukurse** für Kinder werden an mehreren Orten veranstaltet, z. B. in Sestri Levante (s. S. 75). Unbedingt besuchenswert sind die Attraktionen am alten Hafen von Genua: der **Meerwasser-Zoo,** das **Piratenschiff »Neptune«** und die **»Stadt der Kinder«** *(Città dei Bambini,* vgl. S. 48). In der **Tropfsteinhöhle** von Toirano bei Albenga findet man noch Bärenknochen und Spuren von Steinzeitmenschen. Im Sommer kann man von Imperia oder Genua aus **Schiffsausflüge** zur **Beobachtung von Walen und Delfinen** unternehmen (vgl. S. 53 und 49).

Sprachführer

Die Aussprache italienischer Wörter ist verhältnismäßig einfach. Im Regelfall wird auf der vorletzten Silbe betont. Die Aussprache entspricht der Schreibweise, mit folgenden Ausnahmen: *C* und *g* werden vor *i* und *e* als »tsch« bzw. »dsch« gesprochen (also *Cina* = »Tschina«, *Giorgio* = »Dschordscho«), vor *a,o,u* und *h* als *k* bzw. *g* (*Chianti* = »Kianti«). *Gn* und *gl* werden wie »nj« bzw. »lj« gesprochen (also *gnocchi* = »njokki«, *maglia* = »malja«). Der Buchstabe *h* wird nicht ausgesprochen *(ha* = »a«). Doppelvokale sind getrennt zu sprechen *(polizia* = »poli-zi-a«, *automatico* = »a-utomatico«).

Die folgenden ligurischen Ortsnamen werden, abweichend von der allgemeinen Regel, auf der drittletzten Silbe betont: *Portovenere, Levanto, Chiavari* (= »Kiávari«), *Genova* sowie die Namen mit »Ligure« *(Finale Ligure* u. a.).

Besichtigungen

Ausstellung	mostra
Eintritt	ingresso
Öffnungszeit	orario di apertura
Ruhetag	giorno di chiusura

Einkaufen

Ausverkauf	saldi
bar	in contanti
Geschäft	negozio
Größe (Kleidung, Schuhe)	misura
Kleidung	abbigliamento
Kreditkarte	carta di credito
Lebensmittelgeschäft	(negozio di) alimentari
Markt	mercato
Quittung	ricevuta
Rabatt	sconto
Scheck	assegno
Schuhe	scarpe
Straßenkarte	carta stradale

Notfälle/ Krankheiten

Apotheke	farmacia
Arzt	medico
Entzündung	infezione
Erste Hilfe	pronto soccorso
Feuerwehr	vigili del fuoco
Fieber	febbre
Notfall	situazione di emergenza
Schmerzen	dolori
Unfall	incidente
Wunde	ferita
Zahnarzt	dentista

Post

Brief	lettera
Briefkasten	buca delle lettere
Briefmarke	francobollo
Postkarte	cartolina
Telefonbuch	elenco telefonico
Telefonkarte	scheda telefonica

Straßen-/Bahn-/Flugverkehr

Abfahrts-/ Ankunftszeit	orario di partenza/arrivo

Die wichtigsten Sätze

Buon giorno	Guten Tag/ Auf Wiedersehen
C'è un bagno, per favore?	Gibt es eine Toilette, bitte?
C'è posto?	Gibt es Platz?
Come va? Bene, grazie.	Wie geht's? Danke, gut.
Da dove viene?	Woher kommen Sie?
Dov'è...?	Wo ist...?
È ottimo (buonissimo).	Es ist ausgezeichnet.
Ho prenotato.	Ich habe reserviert.
Il conto, per favore.	Die Rechnung bitte.
Non ho capito.	Ich habe nicht verstanden.
Non parlo italiano.	Ich spreche nicht italienisch.
Parla tedesco (inglese)?	Sprechen Sie deutsch (englisch)?
Posso telefonare?	Kann ich telefonieren?
Quando apre (chiude)...?	Wann öffnet (schließt)...?
Quanto costa?	Wieviel kostet es?
Scusi!	Entschuldigung!
Vorrei... per favore	Ich möchte bitte...

Fahrkarte	biglietto
Fahrplan	orario
Führerschein	patente
Gepäckaufbewahrung	deposito bagagli
Hin- und Rückfahrt	andata e ritorno
Parkplatz	parcheggio
Raststätte	area di servizio
Tankstelle	stazione di servizio
Wagenpapiere	libretto, documenti

Unterkunft

absagen	disdire
Adapter	adattatore
Anzahlung	caparra
(mit/ohne) Bad	(con/senza) bagno
Bett	letto
Doppel-/ Einzelzimmer	camera doppia/singola
Dusche	doccia
reservieren	prenotare

1	uno
2	due
3	tre
4	quatro
5	cinque
6	sei
7	sette
8	otto
9	nove
10	dieci
11	undici
12	dodici
13	tredici
14	quattordici
15	quindici
16	sedici
17	diciassette
18	diciotto
19	diciannove
20	venti
21	ventuno
22	ventidue
23	ventitre
24	ventiquattro
25	venticinque
26	ventisei
27	ventisette
28	ventotto
29	ventinove
30	trenta
40	quaranta
50	cinquanta
60	sessanta
70	settanta
80	ottanta
90	novanta
100	cento
200	duecento
300	trecento
400	quattrocento
500	cinquecento
600	seicento
700	settecento
800	ottocento
900	novecento
1000	mille
2000	duemila
Million	milione

Auskunft

Informationen und Prospektmaterial erhält man bei den regionalen **Fremdenverkehrsbüros (APT): Italienische Riviera allgemein:** www.turismo.liguriainrete.it
Blumenriviera
(Ventimiglia bis Cervo):
Largo Nuvoloni 1,
18038 San Remo,
Tel. 018 45 90 59,
Fax 01 84 50 76 49,
www.apt.rivieradeifiori.it;
Palmenriviera
(Laigueglia bis Varazze):
Via Mazzini 62,
17021 Alassio,
Tel. 01 82 64 70 27,
Fax 01 82 64 48 74,
www.italianriviera.com;
Genua (Arenzano bis Camogli):
Via Roma 11,
16121 Genova,
Tel. 010 24 87 11,
Fax 01 02 46 76 58,
www. genova.apt.it;
Tigullio-Golf
(Portofino bis Moneglia):
Via XXV Aprile 4,
16038 Santa Margherita Ligure,
Tel. 01 85 28 74 85,
Fax 01 85 28 30 34,
www.apttigullio.liguria.it;
Cinque Terre
(Bonassola bis Lerici):
Viale Mazzini 45,
19100 La Spezia,
Tel. 01 87 77 09 00,
Fax 01 87 77 09 08,
www.aptcinqueterre.sp.it

Reisezeit

An die italienische Riviera kann man das ganze Jahr über reisen. Die Winter sind für ihre milden Temperaturen und die lange Sonnenscheindauer bekannt. Selbst im kältesten Monat, dem Januar, liegen die durchschnittlichen Tageshöchstwerte an der Küste noch über 10 °C. Bereits im Februar blühen zahlreiche Bäume und Blumen. Ab Mitte März kann es schon warm werden; allerdings gibt es im Frühjahr immer wieder auch relativ kühle und regnerische Tage.

Die schönste Blütezeit liegt im Mai und Juni. Ab Mitte Mai kann man problemlos baden. Der Hochsommer ist sonnig, aber nicht extrem heiß (Tageshöchsttemperaturen im August durchschnittlich bei 28 °C). Im August herrscht an den Stränden und in den Badeorten meist Massenbetrieb.

September und Oktober bringen oft angenehmes spätsommerliches Wetter. Neben dem Zeitraum von Mitte März bis Ende Mai sind diese Monate am besten geeignet für Wanderungen.

Einreise

Deutsche und Österreicher können theoretisch zwar ohne Ausweis in Italien einreisen. Im Land ist man aber verpflichtet, immer einen Identitätsnachweis (Ausweis, Pass oder Führerschein) bei sich zu führen.

Autofahrer brauchen den nationalen Führerschein und den Kfz-Schein. Die Mitnahme der internationalen grünen Versicherungskarte ist empfehlenswert.

Zollbestimmungen: Gegenstände für den eigenen Bedarf können zwischen Deutschland, Österreich und Italien abgabefrei ein- und ausgeführt werden. Für

Schweizer Staatsbürger gilt: Ware, die zollfrei eingekauft wurde, muss versteuert werden. In die Schweiz dürfen maximal maximal 200 Zigaretten, 1 l Spirituosen oder 2 l Wein pro Person eingeführt werden.

Anreise

Mit der Bahn

Direktverbindungen an die Riviera gibt es von Stuttgart, Zürich, Basel, München, Innsbruck, Köln (Nachtzug, nur im Sommer). Zahlreiche weitere Verbindungen aus Deutschland und der Schweiz mit Umsteigen in Basel oder Mailand, aus Österreich mit Umsteigen in Venedig. Die Fahrt von Basel bis Genua dauert rund 7.30 Std., von München nach Genua (Nachtzug) 11 Std.

Mit dem Auto

Aus dem südwestdeutschen Raum und der Schweiz Autobahn über den Gotthard via Mailand nach Genua (ab Basel 500 km), aus Bayern Autobahn über Brenner–Verona–Brescia–Piacenza bis Genua (ab München 700 km). Die südliche Riviera di Levante (von Sestri Levante bis La Spezia) erreicht man besser über Brenner–Modena–Parma–La Spezia (München–La Spezia 670 km).

Bei der Durchfahrt durch die Schweiz und Österreich sind **Transitgebühren** zu zahlen (Schweiz: 40 sFr. für die ganzjährig gültige Autobahnvignette; Österreich: Autobahnvignette zu 8 € für 10 Tage, 22 € für 2 Monate). Gebührenpflichtig sind auch die Brenner-Autobahn sowie die italienischen Autobahnen.

Mit dem Flugzeug

Direktflüge nach Genua gibt es ab München und Zürich. Für die südliche Riviera di Levante ist auch die Anreise über Pisa möglich, für das westliche Ligurien der Flug nach Nizza (direkt von München, Frankfurt, Zürich, Wien).

Vom **Flughafen Cristoforo Colombo** in Genua erreicht man das Stadtzentrum mit Flughafenbus oder Taxi in 20 Min.

Unterwegs in Ligurien

Mit Bahn und Bus

Das Netz öffentlicher Verkehrsmittel ist in Ligurien dicht. Auf der Küstenstrecke fahren etwa stündlich Züge in beide Richtungen; kleinere Bahnhöfe werden im allgemeinen mindestens im Zwei-Stunden-Rhythmus bedient. Außerdem verkehren an der Küste Buslinien, meist im 30-Minuten-Takt. Nur im Gebiet zwischen Sestri Levante und La Spezia, wo keine durchgehende Küstenstraße existiert, gibt es kaum Busverkehr. Auch die Orte im Hinterland sind mit Bussen erreichbar (werktags meist 3–4 Verbindungen täglich, bei größeren Orten auch mehr).

Die **Fahrpreise** für Bus und Bahn sind niedrig. Sie liegen um 0,06 €/ km. Erheblich teurer sind allerdings die IC- und EuroStar-Zuschläge der Bahn.

Bahnfahrkarten sollte man unbedingt vor Fahrtantritt erwerben – Nachlösen im Zug ist teuer!

In kleineren Orten werden Karten häufig nicht am Bahnschalter, sondern in Tabacchi-Geschäften oder Bars verkauft. Die Karten müssen vor Reisebeginn am Automaten gestempelt werden. Sie gelten dann bei Strecken bis 200 km für 6 Std., bei längeren Strecken 24 Std., die durch nochmaliges Stempeln auf 48 Std. verlängert werden können. Innerhalb dieses Zeitraums sind Fahrtunterbrechungen beliebig oft möglich. Rückfahrkarten müssen vor Antritt der Rückreise erneut gestempelt werden.

Mit dem Taxi

Taxen sind in den Städten im Allgemeinen leicht zu bekommen. Die Rufnummer findet man im Telefonbuch unter *taxi* und *radiotaxi.* In kleineren Städten befindet sich der Standplatz fast immer am Bahnhof. Der Fahrpreis beträgt um 1 €/km. Für Gepäck, Fahrten an Sonntagen, Nachtfahrten fallen Zuschläge an. Taxifahrer sind verpflichtet, den Taxameter einzuschalten.

Mit dem Auto

Leihwagen findet man am besten in Genua. Die Anschriften der Firmen stehen im Branchen-Telefonverzeichnis *(pagine gialle)* unter *autonoleggio.* Vgl. auch die Adressen auf S. 52.

Autobahnen sind in Italien gebührenpflichtig. Normalerweise belaufen sich die Kosten auf etwa 6 € pro 100 km. An der Riviera sind die Mautgebühren höher, sie liegen zwischen 8 und 12 € pro 100 km. Die **Benzinpreise** (Stand Herbst 2001): Diesel 0,90 €, bleifrei 1,20 €.

Höchstgeschwindigkeiten: 130 km/h auf Autobahnen, 110 km/h auf Schnellstraßen, 90 km/h auf Landstraßen und 50 km/h in Ortschaften.

Italienische Autofahrer halten sich nicht immer an die **Verkehrsregeln,** fahren aber normalerweise sehr aufmerksam. Oft ist es wichtiger, die Situation spontan einzuschätzen, als sich streng an die Vorschriften zu halten! Auf seinem ›Recht‹ zu beharren, hat meist keinen Sinn, Flexibilität ist gefragt.

An **Wochenenden** und **Feiertagen** herrscht an der Riviera oft starker Ausflugsverkehr, vor allem in kleineren Orten sind Parkplätze dann kaum zu finden. Günstiger reist man an diesen Tagen mit Bahn und Bus.

Unterkünfte

In fast allen Küstenorten gibt es zahlreiche Hotels aller Preiskategorien. Geringer ist das Angebot an Ferienwohnungen. Jugendherbergen existieren nur in wenigen Orten.

Hotels

Die Klassifizierung nach Sternen in Italien entspricht nicht immer dem mitteleuropäischen Standard – ein italienisches Zwei-Sterne-Hotel beispielsweise bietet oft einen geringeren Komfort als sein Gegenstück in Deutschland oder in der Schweiz. **Ein-Stern-Hotels** können sehr sympathisch und ordentlich sein, aber auch ungepflegt und ungemütlich. Ebenso findet man unter den **Zwei-Sterne-Hotels** sowohl überraschend schöne

Unterkünfte als auch nachlässig geführte Häuser. In den **Drei-Sterne-Hotels** gibt es meist guten, manchmal auch gehobenen Mittelklassestandard. In **Vier-Sterne-Häusern** kann man im Allgemeinen sehr guten Komfort erwarten. **Fünf-Sterne-Hotels** bieten ein luxuriöses Ambiente und fordern entsprechende Preise.

Vorbestellung von Hotelzimmern ist unbedingt empfehlenswert für die Osterferien, den Zeitraum zwischen 25. April und 1. Mai (Feiertage, die viele Italiener für einen längeren Urlaub nutzen) sowie den Hochsommer (Juli/August). »*Tutto completo*« meldet die Riviera oft auch an sonnigen Frühjahrs- und Herbstwochenenden.

Die in diesem Buch empfohlenen Unterkünfte wurden sorgfältig ausgesucht. Sofern nichts anderes angegeben ist, liegen sie zentral. Nach Möglichkeit wurden Häuser mit ›besonderer Note‹ und persönlicher Atmosphäre vorgeschlagen.

Preiskategorien (2 Personen im Doppelzimmer mit Frühstück):
Günstig: bis 60 € (90 sFr.)
Moderat: 60–90 € (90–135 sFr.)
Teuer: 90–150 € (135–225 sFr.)
Luxus: ab 150 € (225 sFr.)

In vielen Hotels schwanken die Preise stark, je nach Ausstattung bzw. Lage der Zimmer und Saison. In diesem Reiseführer werden mittlere Preise im Mai/Juni bzw. in der zweiten Septemberhälfte/Oktober zugrunde gelegt. Im Hochsommer können die Preise erheblich höher liegen, im Winterhalbjahr sind sie oft wesentlich niedriger.

Ferienwohnungen

Angebote für Ferienwohnungen an der Riviera findet man im Reiseteil überregionaler deutscher Zeitungen und bei manchen Reisebüros. Privatunterkünfte sind besonders zahlreich im Gebiet der Cinque Terre, wo die Hotelkapazität nicht ausreicht, um alle Urlauber zu beherbergen.

Agriturismo

Vor allem im Hinterland der Küste gibt es landwirtschaftliche Betriebe, die Ferien auf dem Bauernhof ermöglichen. Ein Verzeichnis der Unterkünfte erhält man bei:
Agriturist,
Corso Vittorio Emanuele II, 101,
I-00186 Roma,
Tel. 066 85 23 37,
Fax 06 68 52 24 24.

Jugendherbergen

Nur in fünf Orten der Küste existieren Jugendherbergen: in Finale Ligure (s. S. 44), Savona (s. S. 73), Genua (s. S. 50), Levanto (s. S. 58) und Manarola (s. S. 59). Alle Jugendherbergen sind neu eingerichtet, gut geführt und schön gelegen. Die Übernachtungspreise liegen zwischen 10 und 15 €.

Campingplätze

Campingplätze sind relativ zahlreich an der Riviera di Ponente zwischen Ventimiglia und Genua. An der Riviera di Levante gibt es dagegen verhältnismäßig wenige Plätze.

Orte v

Von den lebhaften Badeorten der Küste in die ruhigen Bergdörfer des Hinterlands oder in die urbane Großstadt Genua, von breiten, sonnigen Sandstränden zu abseits gelegenen Landkirchen und versteckten Trattorien. Die schönsten und günstigsten Unterkünfte, die nettesten Restaurants und die beliebtesten Diskos, farbige Märkte und schwungvolle Feste. Dieser Führer gibt Ihnen die wichtigen

on A-Z

Tipps und Adressen an die Hand, damit Ihr Urlaub zu einem Erlebnis wird! Die große Extra-Karte zeigt die interessantesten Sehenswürdigkeiten auf einen Blick. Und wer noch mehr – und anderes – in Ligurien erleben möchte, dem bieten sich die Extra-Touren an. Die italienische Riviera in kompakter, überschaubarer Form für alle, die viel sehen und nichts verpassen möchten.

Orte von A–Z

Alle interessanten Orte und ausgewählte touristische Highlights auf einen Blick – alphabetisch geordnet und anhand der Lage- bzw. Koordinatenangabe problemlos in der großen Extra-Karte zu finden.

Alassio

Lage: D 5
Einwohner: 11 300

Alassio ist der meistbesuchte Badeort der Riviera. Mit gutem Grund: Die Kleinstadt liegt in einer schönen Bucht zwischen zwei Vorgebirgen, ein feinsandiger, breiter Strand zieht sich kilometerweit am Ufer entlang. Im Hochsommer ist der Andrang gewaltig, doch die zahlreichen Hotels, Restaurants und Geschäfte sind auf die Besuchermassen vorzüglich eingestellt. Ruhiger geht es in der Nebensaison zu, dann kann man sich in den hübschen Gassen der Altstadt ohne Gedränge bewegen.

Sant'Ambrogio: Piazza S. Ambrogio. Die Hauptkirche der Stadt hat ein schönes Renaissance-Portal und einen prunkvoll geschmückten barocken Innenraum.
Muretto: Via Dante, bei der Piazza della Libertà. An dem Steinmäuerchen haben viele prominente Alassio-Gäste ihren Namenszug auf Keramikfliesen verewigt – u. a. Ernest Hemingway, Louis Armstrong, Zarah Leander, Anita Ekberg und Alberto Tomba.
Santa Croce: Capo S. Croce. Man erreicht die hübsche romanische Kirche aus dem 11. Jh. vom Stadtzentrum in einem knapp einstündigen Spaziergang. Sie steht am nordöstlichen Ortsrand in aussichtsreicher Lage auf einem kleinen Vorgebirge.

Optimaler, rund 3 km langer Sandstrand, wegen der flachen Ufer besonders für Kinder gut geeignet.

Tennis: Hanbury Tennis Club, Via Michelangelo, Tel. 01 82 64 01 74. **Segelschule:** Scuola Vela Circolo Nautico, Jachthafen, Tel. 01 82 64 25 16.
Surfen und Wasserski: Windsurf School / Scuola Sci Nautico »La Scogliera«, Passeggiata Ciccione, Tel. 01 82 64 28 15.
Zwischen Juli und Sept. fahren zweimal täglich Ausflugsboote zur kleinen **Gallinara-Insel** wenige Kilometer vor der Küste. Die Insel steht unter Naturschutz und so dürfen Schiffe hier nicht anlegen, sondern das Eiland lediglich umrunden.

Sightseeing

Hotels

Museum

Restaurants

Baden

Shopping

Sport & Freizeit

Nightlife

Ausflüge

Feste

Information

Verkehr

Via Mazzini 62, Tel. 01 82 64 70 27, Fax 01 82 64 48 74.

Fanny: Vico Cantiere 9, Tel. 01 82 64 25 06, Fax 01 82 64 21 18, günstig. Die Matratzen sind zwar etwas weich, aber sonst ist in dem einfachen Hotel alles o.k. Einige Zimmer mit Meerblick.
Panama: Via Airaldi 4, Tel. 01 82 64 00 39, Fax 01 82 64 59 16, günstig. Familienbetrieb mit vielen Stammkunden in zentraler, ruhiger Lage. Die Zimmer sind schlicht, aber korrekt.
Ambra: Via Garibaldi 123, Tel 01 82 64 06 26, Fax 01 82 64 33 51, www.hotelambra.it, moderat. In der alten Villa am Ortsrand herrscht eine familiäre Atmosphäre, die meisten Zimmer sind ziemlich groß. Kostenloser Fahrradverleih für die Gäste. Der Chef spricht gut deutsch.
Badano sul Mare: Via Gramsci 36, Tel. 01 82 64 09 64, Fax 01 82 64 07 37, badano@ivg.it, moderat. Familie Badano führt das 18-Zimmer-Hotel sehr liebevoll. Die kleinen, gepflegten Zimmer haben alle einen Balkon. Dachterrasse und eigener Strand.
Ligure: Passeggiata Italia 25, Tel. 01 82 64 06 53, Fax 01 82 66 00 41, ligurehotel@albaclick.com, teuer. Das gut geführte, komfortable Hotel liegt am Strand, für die Zimmer mit Meerblick zahlt man etwas mehr – aber es lohnt sich!
Grand Hotel Spiaggia: Via Roma 78, Tel. 01 82 64 34 03, Fax 01 82 64 02 79, www.spiaggiahotel.it, teuer. Angenehmes Vier-Sterne-Hotel in ruhiger Lage, gut ausgestattete Zimmer, eigener Strand.
Camping
Monti e Mare: Via F. M. Giancardi 47, Tel. 01 82 64 30 36, Fax 01 82 64 56 01. In schöner Lage am Ufer zwischen Alassio und Albenga, mit eigenem Strand.

Gazebo: Passeggiata Enrico Toti 2, Tel. 01 82 64 57 15, Mo geschl., günstig. Aus der Glasveranda blickt man direkt aufs Meer und lässt sich

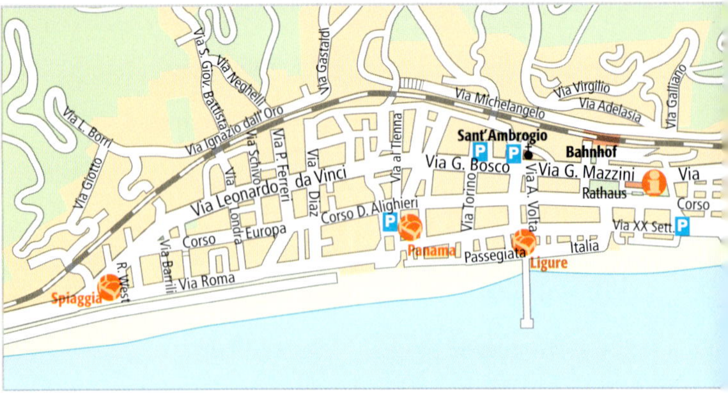

dabei Pasta, Fischgerichte oder Pizza schmecken.

Luncheonette: Via Roma 18, Tel. 01 82 64 47 01, Mi geschl., günstig.

Das angenehme Lokal an der Uferpromenade bietet vorwiegend Fischgerichte.

Osteria Mezzaluna: Vico Berna 6, Tel. 01 82 64 03 87, nur abends geöffnet, im Winter Mo geschl., günstig.

Hier herrscht immer Stimmung, häufig spielen Musikgruppen Oldies der 50er und 60er Jahre des 20. Jh. Gute kleine Gerichte (Salate, Käseplatte, Röstbrot).

Panama: Via Brennero 35, Tel. 01 82 64 60 52, im Winterhalbjahr Mi geschl., moderat.

Im verglasten Speisesaal direkt am Strand kommt eine gute Regionalküche auf den Tisch: Fischravioli mit Butter und Thymian, mit Gemüse gefüllter Kaninchenrücken und andere Köstlichkeiten.

U Zuncheu: Via Milite Ignoto 3, Tel. 01 82 64 11 24, moderat.

Gepflegte Fischküche, empfehlenswert sind z. B. die Spaghetti mit Schwertfisch, Kapern und Auberginen.

Sa vormittags **Wochenmarkt** in der Via Pera.

Kulinarische Spezialität des Ortes sind die **»Baci di Alassio«** – Konfekt aus einer Haselnuss-Schokolade-Honig-Eiweißmasse. Es gibt sie z. B. in der plüschigen Konditorei Balzola, Piazza Matteotti, mit einer Einrichtung aus der Zeit der Wende zum 20. Jh., oder in der Bar-Pasticceria La Riviera, Via Brennero 5. Ausgezeichnetes **Eis:** Giacomel, Via Mazzini 65, eine Gelateria mit 100-jähriger Tradition.

In der Altstadt gibt es viele Musik-Clubs und Pubs. Besonders *in,* vor allem bei jungen Leuten unter 30, ist die Disko-Bar **Zanzibar,** Via Vittorio Veneto 143, Tel. 01 82 64 34 72, 20–4 Uhr. Immer gut besucht sind auch der **Victorian Pub,** Via Cavour (20–5 Uhr, Mo geschl.) und die **Osteria Mezzaluna** (s. oben, 19.45–2 Uhr).

Die mit Abstand beliebteste Diskothek der Gegend ist **La Suerte** im nahegelegenen Laigueglia (vgl. S. 55). Eine offene Tanzfläche direkt am Meer hat die Disko **Le Vele,** Via Giancardi 46, Tel. 01 82 64 33 93, geöffnet Juni–Sept. Ebenfalls im Freien tanzen kann man in **La Capannina** , Regione Serre 20, Tel. 01 82 64 22 50, geöffnet Ende Mai–Anfang Sept.

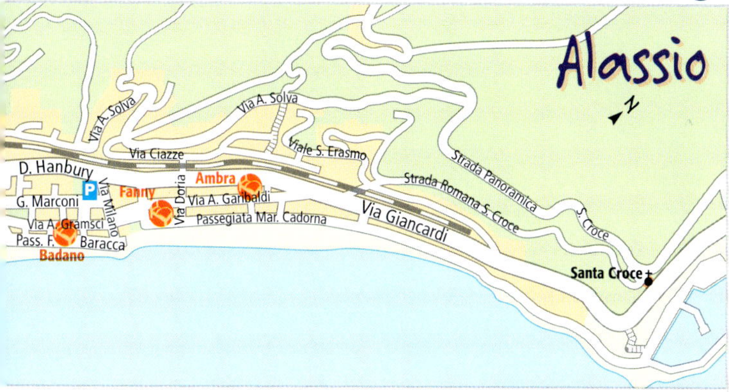

Großes **Feuerwerk** am 15. August.

Alassio liegt an der **Bahnstrecke** Genua–Ventimiglia. Häufige Verbindungen in beide Richtungen. **Busse** alle 20 Min. ab Piazza della Libertà in Richtung Savona sowie Andora (dort Umsteigen nach Imperia–San Remo).

Albenga

Lage: D 5
Einwohner: 22 700

Das hübsche, von einigen mittelalterlichen ›Geschlechtertürmen‹ überragte Stadtzentrum zeugt von Albengas geschichtlicher Bedeutung: Im Mittelalter war es eine wichtige Handels- und Hafenstadt. Besonders interessante kunsthistorische Sehenswürdigkeiten sind die Kathedrale und das Baptisterium. Das Strandleben spielt in der geschäftigen Kleinstadt nur eine Nebenrolle.

Kathedrale San Michele: Piazza San Michele. Der Bau aus dem 11.–13. Jh. steht auf dem Grundriss einer frühchristlichen Kirche. Er verbindet Elemente der verschiedensten Epochen: Reste einer mehr als 1000 Jahre alten Krypta, romanische Skulpturen, ein gotischer Glockenturm, barocke Ornamente.

Baptisterium:
Piazza San Michele,
Di–So 10–12.30, 14.30–18,
15. Juni–15. Sept. Di–So
9.30–12.30, 15.30–19.30 Uhr.
Die zehneckige Taufkirche aus dem 5. Jh. zählt zu den ältesten Heiligtümern Liguriens. Besonders schön ist das frühchristliche Mosaik im Innenraum, sehenswert sind auch die antiken Granitsäulen, ein mittelalterliches Fresko der Taufe Christi und die feinen langobardischen Ornamente an den Fenstern.

Palazzo Vecchio del Comune: Via Bernardo Ricci. Das ehemalige Rathaus blieb im Stil des 14. Jh. erhalten; zur Straße hin öffnen sich die Bögen der Loggia Comunale. Ein 60 m hoher Turm überragt das Gebäude.

Museo Navale Romano:
Piazza San Michele 12,
Di–So 10–12.30, 14.30–18,
15. Juni–15. Sept. Di–So
9.30–12.30, 15.30–19.30 Uhr.
Das Museum zeigt die Überreste

eines untergegangenen römischen Frachtschiffs – auch Teile der Ladung, wie z. B. mehr als 1000 Weinamphoren.

Sand- und Kiesstrände.

Ein schön gelegener **Golfplatz** (18 Löcher) findet sich in Garlenda (7 km von Albenga): Golf Club Garlenda, Via del Golf 7, Tel. 01 82 58 00 12.

Etwa 15 km nordöstlich von Albenga liegen die Tropfsteinhöhlen **Grotte di Toirano** (geführte Rundgänge tgl. 9.30–12.30, 14–17 Uhr). Hier kann man noch die 12 000 Jahre alten Fußspuren von Höhlenmenschen sehen, außerdem schöne Tropfsteingebilde und kleine Grottenseen.

Viale Martiri della Libertà 1, Tel. 01 82 55 84 44, Fax 01 82 55 87 40.

Ondina: Viale Italia 41, Tel. 018 25 13 34, Fax 01 82 55 45 38, günstig. Ordentliches, in jeder Hinsicht korrektes Hotel, allerdings mit recht kleinen Zimmern.
Villa Rosa: Lungomare Colombo 1, Tel. 018 25 05 29, Fax 01 82 54 40 29, günstig. Der größte Reiz der einfachen Pension ist die schöne Lage direkt am Meer.
Gallinara: Via Piave 66, Tel. 018 25 30 86, Fax 01 82 54 12 80, moderat. Von außen wirkt der Neubau eher unschön, aber das Drei-Sterne-Hotel etwas außerhalb der Altstadt ist gepflegt und gut geführt. Dachterrasse.
Sole Mare: Lungomare Colombo 15, Tel. 018 25 18 17, Fax 01 82 54 52 12, moderat. Optimal direkt am Meer gelegen, die Zimmer sind ansprechend eingerichtet. Im Hochsommer erheblich höhere Preise!

Wer hat den höchsten? Turm der Kathedrale und mittelalterliche Geschlechtertürme in Albenga

La Piazzetta degli Artisti: Piazza Rossi 1, Tel. 018 25 03 86, tgl. 7.30–3 Uhr, günstig. Restaurant-Café-Pub mit vorwiegend jungem Publikum, riesiges Angebot an Cocktails, am Wochenende gelegentlich Live-Musik.

Sutta Cà: Via Ernesto Ricci 10, Tel. 018 25 31 98, So und Do abends geschl., günstig. In der winzigen Altstadt-Trattoria kommen Gerichte der örtlichen Küche in bester Qualität auf den Tisch, darunter Spezialitäten wie die Borretsch-Ravioli.

Wochenmarkt mittwochs auf der Piazza Petrarca. Gutes **Olivenöl** erhält man in der Ölmühle Sommariva, Via Mameli 7, Tel. 01 82 55 92 22.

Ortsfest des hl. Michael am 29. September.

Häufige **Bahnverbindungen** in Richtung Genua und Ventimiglia. Alle 20 Min. **Busse** nach Finale Ligure–Savona sowie Andora; in Andora Anschluss nach Imperia-San Remo.

Albisola

Lage: E 3
Einwohner: 11 300

Der Badeort östlich von Savona ist vor allem durch seine Porzellan- und Keramikmanufakturen berühmt geworden. Im 17. und 18. Jh. war er ein Keramikzentrum von europäischem Rang. Noch heute findet man hier ein reiches Angebot an Töpferwaren. Für einen Strandurlaub sind auch die benachbarten Orte Celle Ligure und Varazze gut geeignet.

Passeggiata degli Artisti: Bekannte zeitgenössische Künstler – u. a. Lucio Fontana, Aligi Sassu, Asger Jorn – haben die Uferpromenade 1963 mit Keramikfliesen und -bildern geschmückt.

Museo Trucco: Corso Ferrari 191, Di–Sa 10–12, 15.30–18.30, So/Fei nur 15.30–18.30 Uhr. Hier finden sich Keramiken aus der reichen Tradition Albisolas.

Gute Sand- und Kiesstrände in **Albisola, Celle Ligure** und **Varazze.**

Das Meer vor Varazze gilt als die größte und interessanteste Herausforderung für **Surfer** in Ligurien; die Wellen können bis 4 m Höhe erreichen!

Die nahegelegenen Orte **Celle Ligure** und **Varazze** bieten sich mit guten Stränden und einem reichen Hotelangebot ebenfalls für Badeferien an.

Piazza Sisto IV, Tel. 019 40 020 08, Fax 019 40 03 084.

Splendor: Via Repetto 108, Tel. 019 48 17 96, günstig–moderat. Familiär geführtes, gepflegtes Haus in Ufernähe.

Garden: Viale Faraggiana 6, Tel. 019 48 52 53, Fax 019 48 52 55, www.hotelgardenalbissola.com, teuer. Komfortables Vier-Sterne-Hotel, sehr freundlicher Empfang.

...in der Umgebung:
Guya: Via Robello 10, Varazze, Tel. 01 99 75 82, Fax 019 93 25 90, günstig. Angenehmes Zwei-Sterne-Hotel mit eigenem Restaurant direkt an der Stadtmauer.
Cristallo: Via Cilea 4, Varazze, Tel. 01 99 72 64, Fax 01 99 35 57 57, www.cristallohotel.it, moderat–teuer. Ruhig gelegenes Vier-Sterne-Hotel mit guter Ausstattung.

La Familiare: Piazza del Popolo 8, Tel. 019 48 94 80, Mo geschl., moderat.
Wie der Name sagt: ein ›familiäres‹ Restaurant, zudem mit guter Fischküche. Empfehlenswert sind z. B. die Fisch-Ravioli und die Bandnudeln in Seeteufel-Sauce.
...in der Umgebung:
Cavetto: Piazza Santa Caterina 7, Varazze, Tel. 01 99 73 11, Do geschl., teuer.
In diesem Lokal gibt es raffinierte Speisen wie die Kastanien-Gnocchi mit Castelmagno-Käse oder die Ente in Orangensauce; ausgezeichnet ist auch die Feigentorte.

Albisola hat eine große Anzahl von Keramikläden- und werkstätten. Eine fast hundertjährige Tradition hat die **Casa Fabbrica Giuseppe Mazzotti,** Viale Matteotti 29. Ein weiterer interessanter Laden ist **Ceramiche San Giorgio,** Viale Matteotti 5. **Wochenmärkte** Di (vormittags) in Albisola Marina (Via Paganini und angrenzende Straßen), Mi (vormittags) in **Albisola Superiore,** Ortsteil Capo.

Häufige **Bahnverbindungen** in Richtung Genua und Ventimiglia. Alle 20 Min. **Busse** nach Savona.

Bordighera

Lage: A 6
Extra-Touren 1 und 2: s. S. 84, 86
Einwohner: 10 700

In Bordighera spürt man immer noch, dass der Ort seit der Mitte des 19. Jh. eines der elegantesten Reiseziele der Riviera war. Vor allem wohlhabende Engländer hielten sich gern hier auf. Mit ihren großen Gärten und den Villen aus der Zeit der Wende zum 20. Jh. hat die Stadt die Atmosphäre eines noblen Badeorts bewahrt.

Die kleine **Altstadt** mit schmalen Gassen und hübschen Plätzen erhebt sich auf einem Hügel über dem Meer. Man erreicht sie durch die Stadttore **Porta Soprana** und **Porta della Maddalena.** Etwas unterhalb steht auf einem Felsvorsprung das Kirchlein **Sant'Ampelio** aus dem 11. Jh.

Museo Bicknell: Via Bicknell 3, Mo–Fr 9.30–13, 13.30–16.45 Uhr.
Unter den archäologischen Funden des Museums sind Nachbildungen der prähistorischen Felszeichnungen aus dem ›Tal der Wunder‹ *(Vallée des Merveilles)* in den französischen Seealpen.

Breite Kiesstrände

Via Roberto 1, Tel. 01 84 26 23 22, Fax 01 84 26 44 55.

Kristina: Via Regina Margherita 24, Tel. 01 84 26 13 09, Fax 01 84 26 13 00, günstig.

Einfaches Haus ohne größere Ansprüche, aber nett und preisgünstig.
Lucciola: Via Regina Margherita 49, Tel./Fax 01 84 26 66 51, www.masterweb.it/lucciola, moderat.
Die Villa der Jahrhundertwende steht in einem kleinen Garten, manche Zimmer mit Balkon.
Bordighera & Terminus: Corso Italia 21, Tel. 01 84 26 05 61, Fax 01 84 26 62 00, www.bordighe raterminus.com, moderat–teuer.
Korrektes Mittelklassehotel in zentraler Lage. Wer – wie die Besitzer – Katzen liebt, fühlt sich hier besonders wohl.
Villa Elisa: Via Romana 70, Tel. 01 84 26 13 13, Fax 01 84 26 19 42, www.villaelisa.com, teuer.
Die sympathische Signora Rita aus München und ihr italienischer Ehemann führen engagiert das gepflegte Hotel in einer Belle-Epoque-Villa. Hübscher Garten mit Pool, die Zimmer zur Straße sind nicht völlig ruhig.

A Tartana: Via Vittorio Emanuele 62, Tel. 01 84 26 13 92, 8.30–14, 16.30–19.30 Uhr, So nachm. geschl., günstig.
Nettes Lokal für den kleinen Hunger, es gibt *u. a. Farinata* (Kichererbsenfladen, ein typisch ligurisches Gericht) und Pizza auf die Hand.
La Caranca: Lungomare Argentina 1, Tel. 01 84 26 12 92, Mi geschl., außer im Sommer nur mittags geöffnet, moderat.
Das Restaurant liegt direkt am Meer, die Aussicht vom Speisesaal ist herrlich!
Via Romana: Via Romana 57, Tel. 01 84 26 66 81, Mi und Do (mittags) geschl., teuer.
Hervorragendes, nobles Restaurant in elegantem Ambiente der Wende zum 20. Jh., köstlich sind z. B. die Nudeln mit Tintenfisch, Oliven und Thymian!

Wochenmarkt: Do am Lungomare Argentina.

Im Sommer tobt das Nachtleben an der Uferpromenade Lungomare Argentina. In-Treffpunkt ist die **Bar G.P.,** Corso Italia 13, Tel. 01 84 26 43 01. Ganz in der Nähe die **Diskothek Kursaal,** Lungomare Argentina 7, Tel. 01 84 26 46 85, die vorwiegend von jungen Leuten um 20 frequentiert wird (außerhalb der Saison nur Fr und Sa). Ältere Disko-Besucher fahren zum Tanzen ins benachbarte **Ospedaletti,** wo der Altersdurchschnitt im **Dolce Vita** zwischen 30 und 50 Jahren liegt (Corso Regina Margherita 1, Tel. 01 84 68 88 32).

Ortsfest des hl. Ampelius am 14. Mai.

Häufige **Bahnverbindungen** in Richtung Genua und Ventimiglia. Halbstündlich **Busse** nach Ventimiglia und San Remo.

Camogli

Lage: H 3
Extra-Tour 4: s. S. 90.
Einwohner: 6200

Die farbigen Häuser und die malerische Lage des kompakten alten Ortskerns auf einer Halbinsel machen Camogli zu einer der hübschesten und lebendigsten Kleinstädte der Küste. Das nahe gelegene Naturschutzgebiet des Monte Portofino lädt zu Ausflügen und Wanderungen ein.

Die in warmen Gelb-, Rot- und Ockertönen gehaltenen mehrstöckigen Wohnhäuser von Camogli wurden im 19. Jh. erbaut

Santa Maria Assunta: Die Kirche auf der Halbinsel im Ortszentrum liegt direkt über dem Meer. Sie stammt aus dem 13. Jh., wurde aber in der Barockzeit umgebaut.

Museo Marinaro, Via G. B. Ferrari 41, 9–12 Uhr, Mi, Sa, So auch 16–19 Uhr, Di geschl.
Das Museum dokumentiert die ruhmreiche Geschichte der Seefahrer von Camogli, die im 19. h. ihren Höhepunkt erreichte.

Im Ort selbst gibt es nur einen mäßig attraktiven Kiesstrand. Eine kleine, im Sommer allerdings oft überfüllte Badebucht findet sich in **San Fruttuoso** (s. Ausflüge).

Das nahegelegene Naturschutzgebiet des **Monte Portofino** ist ein optimales **Wandergebiet** mit gut markierten Wegen (vgl. Extra-Tour 4). **Tauchkurse** veranstaltet B & B Diving Center, Via S. Fortunato 11, Tel. 01 85 77 02 54.

Mehrmals täglich fahren Schiffe zu dem einsam in einer Bucht gelegenen Kloster **San Fruttuoso.** Der mittelalterliche Bau wurde in den letzten Jahren

gründlich restauriert (Juni–Sept. tgl. 10–17.45, Mai 10–17.45, Mo geschl., März/April/Okt. 10–15.45, Mo geschl., Dez.–Febr. Sa/So/Fei 10–15.45 Uhr). Drumherum stehen die Häuser eines ehemaligen Fischerdorfs.

Via XX Settembre 32, Tel./Fax 01 85 77 10 66.

Selene: Via Cuneo 15, Tel. 01 85 77 01 49, Fax 01 85 77 01 95, moderat. Gepflegtes Ein-Sterne-Hotel, allerdings Zimmer ohne eigenes Bad, nur Etagenduschen.
La Camogliese: Via Garibaldi 55, Tel. 01 85 77 14 02, Fax 01 85 77 40 24, moderat. Sehr freundlich geführte, familiäre Pension, manche Zimmer mit Meerblick, viele Räume sind verhältnismäßig klein.
Casmona: Salita Pineto 13, Tel. 01 85 77 00 15, Fax 01 85 77 50 30, www.casmona.com, teuer. Gründlich renoviertes Hotel an der Uferpromenade, aus fast allen Zimmern genießt man einen wunderbaren Blick aufs Meer.

Rosa: Largo Casabona 11, Tel. 01 85 77 34 11, Di und Mi-mittag geschl., teuer. Die Attraktion dieses Restaurants ist eine Steineiche, die mitten im Gastraum gedeiht und ihre Äste durchs Dach nach oben schlingt. Aufmerksamer Service und gute Fischküche.
...in der Umgebung:
Aurelia: Via Aurelia 249, Ruta, Tel. 01 85 77 02 81, Di geschl., günstig.
Einrichtung und Service des Lokals wirken eher nüchtern, aber die Qualität der Nudel- und Fleischgerichte ist vorzüglich.

Pasticceria Revello: Via Garibaldi 183. Freunde von süßen Leckereien sollten unbedingt die *Camogliesi* probieren, eine Kreation des Hauses, die mittlerweile auch von anderen Konditoreien der Gegend nachgeahmt wird.

Sagra del Pesce mit großem Fischessen aus der »größten Pfanne der Welt« am zweiten Sonntag im Mai (vgl. S. 14). **Stella Maris** am ersten Augustsonntag (vgl. S. 14). Das **Ortsfest** der Nachbarstadt **Recco** ist berühmt für sein besonders schönes Feuerwerk (erstes Wochenende im September).

Häufige **Bahnverbindungen** in Richtung Genua und La Spezia. Etwa stündlich (So/Fei etwa alle zwei Stunden) **Busse** nach Santa Margherita Ligure–Rapallo.

Cervo

Lage: C 5
Einwohner: 1300

Cervo ist der fotogenste Küstenort der Riviera di Ponente. Direkt am Meer ziehen sich weiße Häuser dicht aneinandergedrängt einen Hügel empor. Am höchsten Punkt ragen der Turm und die geschwungene Fassade der Barockkirche San Giovanni Battista in den Himmel. Aus den mittelalterlichen Gassen und Treppenwegen der Orts eröffnen sich herrliche Aussichten; besonders eindrucksvoll ist das Panorama auf dem Kirchplatz.

San Giovanni Battista: Piazza della Chiesa. Die spätbarocke Fassade ist reich mit Stuckornamenten verziert. Der Turm entstand gegen Ende des 18. Jh. Auch im Innenraum beeindruckt eine originelle Stuckdekoration.

Museo Etnografico: Piazza Castello, tgl. 9–12.30, 15.30–18.30 Uhr.
Das Heimatmuseum in der Burg am oberen Ortsrand zeigt die traditionellen Arbeits- und Lebensformen mit Gebrauchsgegenständen, Zeichnungen und Nachbildungen von Werkstätten. Eine besondere Rolle kommt dabei dem Korallenfang zu, der in Cervo lange Zeit große Bedeutung besaß.

Unterhalb des Ortes liegt ein kleiner Kiesstrand, besser badet man in den Nachbarorten **Diano Marina** und **Laigueglia.**

Piazza Santa Caterina 2, Tel./Fax 01 83 40 81 97.

Bellavista: Piazza Castello 2, Tel./Fax 01 83 40 80 94, günstig. Die einzige Unterkunft im alten Ortskern bietet einfache, korrekte Zimmer.

Im Sommer finden zwei Festivals klassischer Musik statt. Beim Internationalen Kammermusikfestival (Juli/August) treten bekannte Ensembles auf. Die Internationale Sommerakademie im September versammelt junge Pianisten zu Meisterkursen und Konzerten.

Halbstündliche **Busverbindungen** nach Imperia/San Remo und nach Andora, in Andora Anschluss Richtung Finale Ligure/Savona.

Chiavari

Lage: J 3
Einwohner: 28 000

Beim flüchtigen Hinschauen wirkt Chiavari zunächst wenig attraktiv, denn es ist von unschönen Neubauvierteln umgeben. Das alte Stadtzentrum mit seinen Laubengängen, Plätzen und hübschen Geschäften lohnt aber den Besuch, zumal man hier »echt italienische Atmosphäre« erlebt. Der Tourismus tritt gegenüber dem Alltag der Einheimischen deutlich in den Hintergrund.

Das mittelalterliche Cervo ist nicht nur ein schöner Blickpunkt, von oben hat man auch eine herrliche Aussicht auf das Meer

Kathedrale: Piazza Nostra Signora dell'Orto. Der Innenraum des imposanten Bauwerks, das zwischen 1613 und 1633 errichtet wurde, ist aufwändig im Barockstil gestaltet, die Fassade stammt aus dem 19. Jh.

Palazzo di Giustizia: Piazza Mazzini. Das ehemalige Gerichtsgebäude stammt aus dem späten 19. Jh., wurde aber täuschend echt im »mittelalterlichen« Stil erbaut. Nur der Turm ist mehr als 450 Jahre alt.

Via Martiri della Liberazione: Die hübsche Hauptstraße des alten Ortszentrums – heute Fußgängerzone – birgt unter ihren niedrigen Bogengängen zahlreiche Läden und Cafés.

Museo Archeologico, Via Costaguta 4, Di–Sa sowie 2. und 4. So im Monat 9–13.30 Uhr. Funde aus einer Nekropole der ligurischen Urbevölkerung (8./7. Jh. v. Chr.), u. a. Schmuck, Keramik und Waffen.

Chiavari bietet keine guten Bademöglichkeiten; breite Kiesstrände gibt es in den Nachbarorten **Lavagna** und **Cavi.**

In 4 km Entfernung steht bei Lavagna die **Basilica dei Fieschi.** Sie wurde um 1250 als Familienkirche der Grafenfamilie Fieschi erbaut, aus welcher der damals regierende Papst Innozenz IV. stammte. Der Bau im romanisch-gotischen Übergangsstil zählt zu den schönsten Kirchen der Riviera di Levante.

Corso Assarotti 1,
Tel. 01 85 32 51 98,
Fax 01 85 32 47 96.

Villa le Rose: Salita Bacezza 13,
Tel. 01 85 30 34 93, günstig.
Sehr preiswerte Unterkunft in einer Villa aus der Zeit der Wende zum 20. Jh.

Monterosa: Via Marinetti 6,
Tel. 01 85 30 03 21, Fax 01 85 31

28 68, www.gattei.it/monterosa, moderat.
Das Drei-Sterne-Hotel in ruhiger Lage im Zentrum bietet guten Komfort und eine angenehm freundliche Atmosphäre.

Camping
Im Nachbarort **Lavagna** sind zwei Plätze in Meernähe empfehlenswert: **Lo Scoglio,** Via Tedisio, Tel. 01 85 39 02 62; **Ripamare,** Via Tedisio, Tel. 01 85 39 11 26.

Cantina Reggiana: Via G. Raggio 27, Tel. 01 85 30 83 38 , Mo geschl., günstig.
In dem sympathischen, einfachen Lokal mit ordentlicher Hausmacherküche essen mittags die Angestellten der umliegenden Läden und Büros.
Felice: Via Risso 71, Tel. 01 85 30 80 16, Mo geschl., moderat.
Gutes, freundliches Fischrestaurant, vorzüglich sind z. B. die schwarzen Nudeln in Tintenfischsauce.

Chiavari ist bekannt für die handwerkliche Herstellung besonders leichter, robuster Holzstühle, der so genannten *campanine*. Man findet sie u. a. bei **Adriano Podestà,** Via Castaldi 23, Tel. 01 85 30 82 08 und bei **S.A.C.** (Sedie Artistiche Chiavaresi), Via Bancalari 60, Tel. 01 85 30 55 51. Einen sehr guten Ruf genießt die vorzügliche Weinhandlung **Enoteca Bisson,** Corso Giannelli 28 (Mi nachm. geschl.).
Wochenmarkt Fr (vorm.) auf der Piazza Matteotti. **Antiquitätenmarkt** in der Via Martiri della Liberazione am 2. Wochenende jeden Monats.

Beim Fest der **Madonna dell'Orto** am 2./3. Juli finden unter anderem Prozessionen und ein Feuerwerk statt. Der Nachbarort **Lavagna** veranstaltet am 14. August eines der berühmtesten ligurischen Feste, die **Torta dei Fieschi** (vgl. S. 15).

Häufige **Bahnverbindungen** in Richtung Genua und La Spezia. **Busse** etwa stündlich nach Rapallo, etwa halbstündlich nach Sestri Levante.

Diano Marina

Lage: C 6
Einwohner: 7000

Wegen seiner breiten Sandstrände gehört Diano Marina zu den meistbesuchten Urlaubsorten der Riviera. Baden ist hier eindeutig die Hauptbeschäftigung; außerdem kann man Ausflüge ins Hinterland unternehmen. Der Ort selbst hat keine historischen Reize; nach einem Erdbeben entstand er Ende des 19. Jh. vollständig neu.

Ausgedehnte, breite Sandstrände im Ort, sehr geeignet für Kinder.

Im **Palavela,** einem großen Zelt am Ufer, das rund 1000 Menschen Platz bietet, finden im Sommer Konzerte, Theateraufführungen und Ausstellungen statt.

Piazza Martiri della Libertà 1, Tel. 01 83 49 69 56, Fax 01 83 49 43 65.

Tina: Viale Torino 24, Tel./Fax 01 83 49 41 45, tina@rivieradeifiori.com, günstig.
Einfache Pension direkt am Meer, möglichst Zimmer in der Dependance mit Meerblick reservieren!

Liliana: Via Diano Calderina 29, Ortsteil Diano Serreta, Tel. 01 83 49 47 43, Fax 01 83 49 74 03, www.hotel-liliana.com, moderat. In schöner ruhiger Lage in den Hügeln oberhalb von Diano Marina (4 km vom Meer), engagiert und freundlich geführt, Schwimmbad, Bocciabahn, gut auf Kinder eingestellt.

Gabriella: Via dei Gerani 9, Tel. 01 83 40 3131, Fax 01 83 40 50 55, www.hotelgabriella.com, teuer.
Das große Hotel in einem Garten direkt am Meer ist seit 40 Jahren im Besitz derselben Familie. Schwimmbad und eigener Strand, Fahrradverleih gratis.

Camping

Angolo di Sogno, Viale Torino 27, Tel. 01 83 49 74 24.
Direkt am Meer am westlichen Stadtrand.

Smeraldo: Corso Roma 170, Tel. 01 83 49 72 89, Mi geschl., moderat.
Solides, bei Einheimischen und Touristen beliebtes Lokal.

Caprice: Corso Roma Est 19, Tel. 01 83 49 50 61, moderat.
Fischrestaurant mit einfallsreicher Küche, der Koch bringt z. B. Seebarsch-Ravioli mit Thymian oder Lasagnette mit Fischragout auf den Tisch.

Dienstags **Wochenmarkt** auf der Piazza Giovanni XXIII.

Tango Club: Molo Landini, Tel. 01 83 40 73 25, beliebte Disko, viel lateinamerikanische Musik.

Valerie Club: Via Aurelia Est 172, Tel. 01 83 40 31 09, 21–4 Uhr, So geschl. Musik-Café.

Siesta in Finale Ligure

Zur Feier des **Fronleichnamsfestes** legen die Einheimischen bei der Infiorata die Piazza Martiri della Libertà mit einem riesigen, rund 4000 m^2 großen **Blütenteppich** aus.

Häufige **Bahnverbindungen** in Richtung Genua und Ventimiglia. Halbstündlich **Busse** nach Imperia–San Remo sowie Andora; in Andora Anschluss nach Finale Ligure–Savona.

Finale Ligure

Lage: D 4
Einwohner: 12 300

Im hübschen Ortszentrum herrscht lebendige, lockere Stimmung, die Strände sind vorzüglich und das Hinterland wunderschön. Das alles macht Finale Ligure zu einem der attraktivsten Orte der

Riviera di Ponente. Die Kleinstadt hat sich völlig auf den Tourismus eingestellt, aber sie schafft es dennoch, »typisch italienischen« Charakter zu bewahren.

Bogen der Margarethe von Österreich: Piazza Vittorio Emanuele II. Der monumentale Triumphbogen wurde 1666 anlässlich eines Besuchs der spanischen Prinzessin und späteren Kaiserin von Österreich erbaut.

Kirche San Giovanni Battista: Via Roma. Die Hauptkirche von Finale entstand zwischen 1619 und 1675. Sie hat eine schwungvolle Barockfassade und ein schönes, mit Holzintarsien verziertes Chorgestühl aus dem 18. Jh.

Finalborgo: Der 3 km landeinwärts gelegene Ortsteil ist von den alten Stadtmauern umgeben und fast vollständig im Stil des 15. Jh. erhalten. Ein Bummel durch die historischen Gassen ist unbedingt empfehlenswert! Die bemerkenswertesten Gebäude sind das Stadttor **Porta Reale,** die barocke Pfarrkirche **San Biagio,** der **Palazzo Arnaldi** aus der Rokokozeit und das Dominikanerkloster **Santa Caterina** mit schönen Kreuzgängen und dem städtischen Museum (s. unten).

Castel Gavone: Man erreicht die mächtige mittelalterliche Burgruine hoch über dem Meer zu Fuß von Finalborgo oder mit dem Auto auf der Straße in Richtung Perti. Besonders bemerkenswert ist der in der Renaissance errichtete »Diamantenturm«.

Perti: Der winzige Ort in der Nähe der Ruine Castel Gavone hatte in früheren Jahrhunderten große Bedeutung. Davon zeugen noch die interessanten Kirchen Sant'Eusebio (11.–14. Jh.) und Nostra Signora di Loreto (um 1490).

Civico Museo del Finale: Piazza Santa Caterina, Finalborgo, Sept.–Jan. Di–Sa 9–12, 14.30–17, Febr.–Aug. Di–Sa 10–12, 16–18.30 Uhr.
Das städtische Museum zeigt frühgeschichtliche Funde aus den zahlreichen Höhlen des Hinterlandes, z. B. Werkzeug, Keramik und

Zeichnungen der Höhlenmenschen.

Breite, besonders für Kinder gut geeignete Sandstrände im Ort; einsamere Strände an der Straße Richtung Varigotti.

Das felsige und landschaftlich abwechslungsreiche Hinterland bietet sich für **Wanderungen** an. Viele Wege sind markiert. Besonders beliebt ist die Gegend auch bei **Mountainbikern** und **Free-Climbern.** Tourenvorschläge und Informationen für Mountainbiker:
Riviera Outdoor, Via Nicotera 2, Finalborgo, Tel. 01 96 81 62 06 (auch Fahrradverleih);
für Free-Climber: Rock Store, Piazza Garibaldi 14, Finalborgo, Tel. 019 69 02 08.

Wenige Kilometer von der Küste entfernt stehen im romantischen Flusstal **Valle Ponci** die Ruinen mehrerer römischer Brücken. Hier befindet sich auch die **Caverna delle Fate** (Feenhöhle), wo in der Steinzeit Höhlenmenschen lebten. Das Gebiet ist zum größeren Teil nur zu Fuß zugänglich.
Varigotti zwischen Finale Ligure und Noli ist ein besonders schönes Küstendorf. Die Architektur der farbigen Häuser direkt am Strand ist vom maurischen Stil beeinflusst.
4 km westlich befindet sich am Ortsrand von Bórgio-Verezzi die große Tropfsteinhöhle **Grotta di Valdimino** – besonders für Kinder eine Attraktion! (tgl. 9–11.45, 15–17.45 Uhr, Okt.–Apr. Einlass 9.30, 10.30, 11.30, 15, 16, 17 Uhr, Mo geschl., die geführten Rundgänge dauern jeweils 1 Std.)

Via San Pietro 14, Tel. 01 96 81 019, Fax 019 68 18 04.

San Marco:
Via Concezione 22,
Tel./Fax 019 69 25 33, günstig.
Die Räume des Ein-Sterne-Hotels an der Uferpromenade sind relativ klein, die Matratzen weich, die Stimmung familiär. Die Zimmer

zur Straße (z. T. mit Balkon) haben Meerblick, sind aber nicht ganz ruhig.
Florenz: Via Celesia 1, Finalborgo, Tel. 019 69 56 67, Fax 01 96 81 67 69, moderat.
Altmodische Pension im Ortsteil Finalborgo, abseits des Trubels.
Medusa: Vico Bricchieri 7, Tel. 019 69 25 45, Fax 019 69 56 79, www.medusahotel.it, moderat.
Das gut geführte Hotel ist besonders beliebt bei Mountainbikern, Wanderern und Kletterern, denn der engagierte Chef zieht selbst gern in die Natur und kann immer mit Tipps weiterhelfen.
Internazionale: Via Concezione 3, Tel. 019 69 20 54, Fax 019 69 20 53, www.internazionalehotel.it, moderat–teuer.
Korrektes Drei–Sterne–Hotel an der Uferpromenade, die meisten Zimmer mit Balkon und Meerblick.
Punta Est: Via Aurelia 1, Tel./Fax 019 60 06 11, www.puntaest.com, Luxus.
Eines der schönsten Hotels der Küste, in einem schattigen Park im Ortsteil Finalpia.
In der Umgebung:
Holiday: Via Ulivi 45, Varigotti, Tel./Fax 019 69 81 24, moderat.
Familienbetrieb in Strandnähe im hübschen Dorf Varigotti.
Jugendherberge
Ostello Wuillermin: Via G. Caviglia 46, Tel./Fax 019 69 05 15, geöffnet 15. März–15.Okt.
Schöne Lage in einer Burg über dem Ort, sehr beliebt, nach Möglichkeit reservieren!
Camping
Eurocamping: Via Calvisio 37, Tel./Fax 019 60 12 40.
Guter, schattiger Platz mit Pool, 20 Fußminuten vom Meer entfernt.

Astor da Giovanni: Via Roma 7, Tel. 019 69 22 45, Do geschl., günstig bis moderat.
In freundlichem Ambiente wird hier eine angenehme Hausmacherküche serviert, der lebhafte Wirt schwatzt gern mit seinen Gästen.
La Tavernetta: Via Colombo 37, Tel. 019 69 20 10, Mo geschl., moderat.
Gute regionale Gerichte, freundliche Bedienung.
Lampara: Vico Tubino 4, Tel. 019 69 24 30, Mi geschl., teuer.
Ausgezeichnetes Restaurant mit Fischspezialitäten, vorzüglich ist z. B. die Vorspeisenplatte *Antipasto di mare.*
In der Umgebung:
Trattoria Mediterranea: Via Matteotti 115, Bórgio, Tel. 019 61 09 74, Mo geschl., günstig.
In einem liebevoll eingerichteten kleinen Lokal bringt das böhmisch-italienische Wirtspaar das beste Zigeunergulasch Italiens, aber auch viele ligurische Spezialitäten auf den Tisch. Die Nudeln sind hausgemacht, die Desserts – z. B. Nougat-Mousse oder Schokoladentrüffel – eines Spitzenrestaurants würdig.

Wochenmärkte Do (vormittags) in Finale Marina, Mo (vormittags) in Finalborgo. **Antiquitätenmarkt** in Finalborgo am ersten Wochenende des Monats.

Finale Ligure ist kein Ort für Nachtschwärmer. Das Unterhaltungsprogramm konzentriert sich an der Uferpromenade. Direkt am Meer liegt die Diskothek **El Patio,** Lungomare Italia 9, Tel. 019 60 33 12. Breites Spektrum, von Nachmittagen fürs reifere Publikum über lateinamerikanische Musik zu Rockmusik. Im Sommer ist allerdings mehr los im **Sporting Club,** Via G. da Verrazzano, Ortsteil San Bernardino

(7 km entfernt), Tel. 019 69 13 22, Ende Mai–Sept. geöffnet. Eine besonders angenehme Disko mit mehreren Tanzflächen – z. T. im Freien. Oft finden Veranstaltungen (Kabarett, Konzerte) statt, Gäste aller Altersstufen.

Ortsfest des hl. Johannes am 24. Juni.

Häufige **Bahnverbindungen** in Richtung Genua und Ventimiglia. Halbstündlich **Busse** nach Alassio und Andora; in Andora Anschluss nach Imperia–San Remo; stündlich Busse nach Noli–Savona.

Genua

Lage: G 3
Einwohner: 645 000

Genua ist das unangefochtene Zentrum der Riviera. Fast die Hälfte aller Einwohner Liguriens leben hier. Den Besuchern bietet die Hauptstadt der Region viele Attraktionen: die interessante Altstadt mit ihrem regen Straßenleben, elegante Geschäfte und prunkvolle Palazzi, den faszinierenden Meerwasser-Zoo »Acquario«, eine große Vielfalt an Kunstwerken in Museen und mittelalterlichen Kirchen. Die stark steigenden Touristenzahlen der letzten Jahre zeigen, dass sich Genuas Reize langsam herumsprechen.

Porta Soprana: Piazza Dante. Neben dem mittelalterlichen Stadttor stehen Reste des Kreuzgangs von Sant'Andrea aus dem 12. Jh. und das so genannte »Haus des Kolumbus«, in dem der Seefahrer angeblich seine Jugend verbrachte.
San Donato: Piazza San Donato. Die besterhaltene romanische Kirche der Stadt wurde im 12. Jh. errichtet. In der Kapelle des hl. Josef hängt das schöne Renaissance-

Genua ist das kulturelle und wirtschaftliche Zentrum Liguriens

Gemälde »Anbetung der Könige« des niederländischen Malers Joos van Cleve.

Santa Maria di Castello: Piazza S. Maria di Castello. Eine weitere romanische Kirche, die allerdings im Lauf der Jahrhunderte mehrfach umgebaut wurde. In der Loggia dell'Annunciazione (Zugang durch die Sakristei am Ende des rechten Seitenschiffs) befindet sich das sehenswerte, 1451 gemalte Verkündigungs-Fresko von Justus von Ravensburg.

Sant'Ambrogio (Il Gesù): Piazza Matteotti. In der Jesuitenkirche

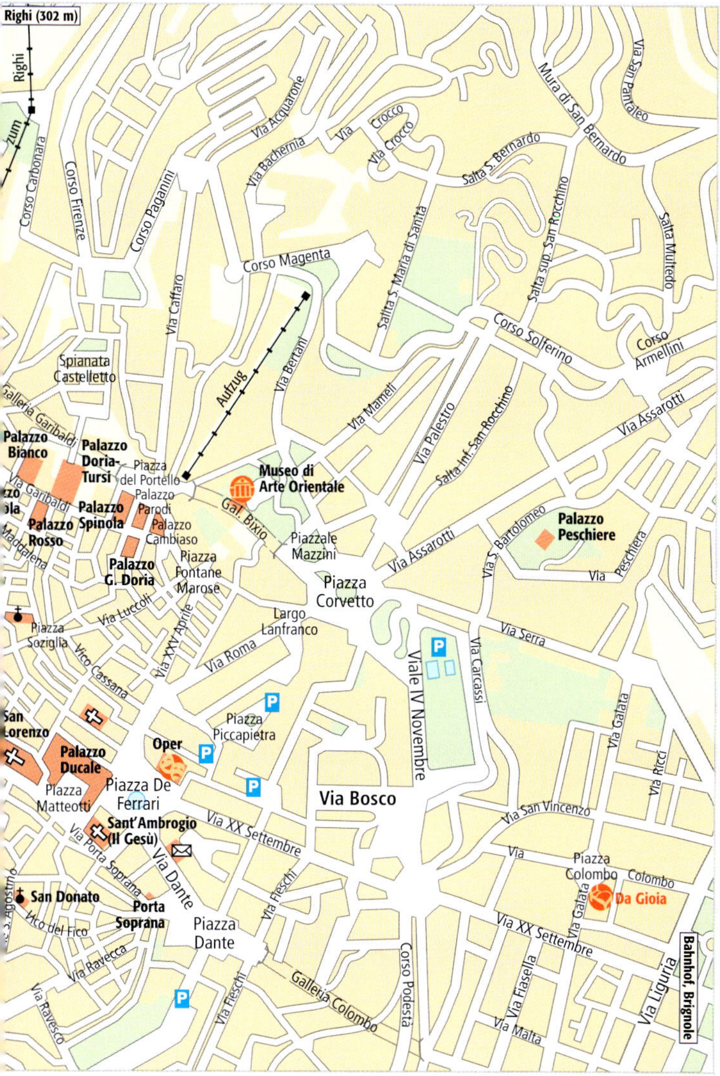

hängen zwei Bilder von Rubens: die Beschneidung Christi (am Hauptaltar) und »Der hl. Ignatius heilt einen Besessenen« (3. Kapelle links).

Kathedrale San Lorenzo: Piazza San Lorenzo. Genuas Hauptkirche zeigt vorwiegend gotische Formen. An der reich mit Skulpturen geschmückten Fassade erblickt man über dem Hauptportal das Martyrium des hl. Laurentius, des Schutzpatrons der Kirche (er wurde auf einem Rost verbrannt). Der Innenraum wurde von den genuesischen Barockkünstlern G. B.

Castello, Lazzaro Tavarone und Luca Cambiaso ausgemalt.

Palazzo di S. Giorgio: Piazza Caricamento. Das frühere Rathaus hat an der Stadtseite eine gotische Fassade; zum Hafen hin wurde es im 16. Jh. mit Fresken bemalt (s. Abb. S. 8).

Porto Antico: Teile des alten Hafengeländes wurden anlässlich der Kolumbus-Feiern 1992 zu einem Messe- und Ausstellungsgelände umgebaut. Dabei entstanden mehrere interessante Museen. Der neue Meerwasser-Zoo entwickelte sich in den letzten Jahren zu einem der meistbesuchten Ausflugsziele Italiens (siehe »Museen«).

Bigo: Porto Antico, Di–So 11–13, 14–17 Uhr. Der international bekannte, aus Genua stammende Architekt Renzo Piano entwarf die 40 m hohe Konstruktion in Form eines Schiffsmastbaums. Mit einem Aufzug kann man hinauffahren und genießt von einer Plattform auf der Spitze einen schönen Ausblick auf die Stadt.

Città dei Bambini: Porto Vecchio, 10–16.30 Uhr, Mo geschl. In der »Kinderstadt« gibt es zahlreiche Spielmöglichkeiten, z. B. ein Hausbau-Projekt für Kinder bis zu fünf Jahren und computergestützte Lernspiele für die Älteren.

Galeone »Neptune«: Porto Antico, tgl. 10–18 Uhr. Die Nachbildung eines spanischen Kriegsschiffs aus dem 16. Jh. wurde 1982 für den Film »Piraten« von Roman Polanski geschaffen. Man kann sie besichtigen – vor allem für Kinder interessant.

Via Garibaldi: Die Prachtstraße im Zentrum entstand im 16. Jh. als exklusives Wohnviertel der genuesischen Bankiers. Sie ist an beiden Seiten von repräsentativen Palazzi aus Spätrenaissance und Barock gesäumt. Die imposantesten Gebäude sind der Palazzo Doria-Tursi (Nr. 9, heute Rathaus) und der Palazzo Podestà (Nr. 7).

Cimitero di Staglieno: Der Friedhof am Stadtrand (Anfahrt mit Bus 34 ab Bhf. Piazza Principe, ca. 30 Min. Fahrzeit) ist berühmt wegen seiner monumentalen, teilweise kitschigen und sogar erotischen Grabdenkmäler.

Museo del Tesoro di San Lorenzo: in der Kathedrale San Lorenzo, Zugang vom rechten Seitenschiff, Führungen alle 30 Min. Mo–Sa 9–11.30, 15–17.30 Uhr. Der Kirchenschatz der Kathedrale umfasst u. a. das kostbare byzantinische Zacharias-Kreuz aus dem 13. Jh. und den *Sacro Catino,* eine über tausendjährige orientalische Glasschüssel, die der Überlieferung nach von Christus beim Abendmahl benutzt wurde.

Padiglione del Mare: Porto Antico, 1. Apr.–15. Sept. tgl. 10.30–18 Uhr, 16. Sept.–31. März nur Di, So 10–18 Uhr. Im Schiffahrtsmuseum befinden sich u. a. historische Schiffsmodelle, Navigationsinstrumente, Rekonstruktionen einer genuesischen Kaufmannswohnung und einer Waffenkammer.

Acquario: Porto Antico, Mo–Fr 9.30–19, Sa, So, Fei 9.30–20 Uhr, Einlass bis 17.30 bzw. 18.30 Uhr, Nov.–Febr. Mo geschl. Der größte Meerwasser-Zoo Europas zeigt in 49 Bassins Tausende von Fischen und anderen Meerestieren sowie ganze Ökosysteme: ein Korallenriff, den tropischen Urwald in der Regenzeit, das Rote Meer u. a. Vor allem für Kinder eine Riesenattraktion! An Wochenenden und Feiertagen herrscht allerdings oft extrem starker Andrang; man muss dann mit Wartezeiten am Eingang rechnen.

Galleria di Palazzo Bianco: Via Garibaldi 11, Di, Do, Fr 9–13, Mi, Sa 9–19, So 10–18 Uhr, Mo geschl. Die bedeutendste Gemäldegalerie der Stadt besitzt Werke flämischer, spanischer und italienischer Künstler, vor allem aus dem 16. und 17. Jh. (van Dyck, Memling, Rubens, Caravaggio, Murillo u. a.)
Galleria di Palazzo Rosso: Via Garibaldi 18, Di, Do, Fr 9–13, Mi, Sa 9–19, So 10–18 Uhr, Mo geschl. Besonders schön sind in diesem Museum die Bilder venezianischer Renaissance-Maler, u. a. von Tizian, Paolo Veronese, Tintoretto.
Palazzo Spinola: Via Pellicceria 1, Di–Sa 8.30–19.30, So/Fei 13–20 Uhr. Der Stadtpalais hat die originale Inneneinrichtung einer genuesischen Villa bewahrt, mit alten Möbeln, Wandfresken und einer Spiegelgalerie. Außerdem beherbergt der Palazzo einige Renaissance-Gemälde.
Museo di Arte Orientale: im Parco Villetta Dinegro, bei Piazzale Mazzini, Di, Do–So 9–13 Uhr, Mo und Mi geschl. Das Museum ostasiatischer Kunst besitzt eine reiche Sammlung japanischer Kunstwerke, daneben auch chinesische Bildhauerarbeiten.

Von Mitte Juni bis Mitte September starten an mehreren Tagen der Woche vom alten Hafen ganztägige **Exkursionen** zur Beobachtung von Walen und Delfinen.
Auskunft: Cooperativa Battelieri del Porto, Tel. 010 26 57 12, Fax 010 26 18 80, info@batellierigenova.it

Im Bahnhof Piazza Principe, Tel. 01 02 46 26 33; am alten Hafen (Porto Antico), Tel. 010 24 87 11, Fax 01 02 46 76 58; am Flughafen, Tel. 01 06 01 52 47, www.genovatouristboard.net

Da Gioia: Piazza Colombo 4, Tel. 010 54 02 27, günstig.
Korrektes Billighotel in der Nähe des Bahnhofs Brignole.
Villa Bonera: Via Sarfatti 8, Stadtteil Nervi, Tel. 01 03 72 61 64, Fax 01 03 72 85 65, www.pangea.it/bonera, günstig.
Hübsche Unterkunft in einem historischen Palazzo, der Salon ist mit Fresken geschmückt, für die Preisklasse guter Komfort. Vom Stadtzentrum rund 30 Min. (Bus oder Bahn) entfernt.
Cairoli: Via Cairoli 14, Tel. 01 02 46 14 54, Fax 01 02 46 75 12, htlcairoli@tin.it, moderat.
Angenehme, familiär geführte kleine Pension mit blumengeschmückter Terrasse. Reservierung dringend empfohlen!

Auf der Via XX Settembre

Galles: Via Bersaglieri d'Italia 13, Tel. 01 02 46 28 20, Fax 01 02 46 28 22, moderat–teuer.
Gut geführt von einem vorzüglich deutsch sprechenden Besitzer. In den Zimmern hört man allerdings, vor allem bei offenem Fenster, Straßenlärm.
Europa: Vico Monachette 8, Tel. 010 25 69 55, Fax 010 26 10 47, www.pangea.it/europa, teuer.
Gepflegtes Drei-Sterne-Hotel in der Nähe des Bahnhofs Piazza Principe, Dachterrasse, bewachter Parkplatz.
Villa Pagoda: Via Capolungo 15, Stadtteil Nervi, Tel. 01 03 72 61 61, Fax 01 03 21 12 18, www.villapagoda.it, Luxus.
Elegante Unterkunft in einem großen Park, Meernähe, im ruhigen Vorort Nervi (30 Min. Entfernung vom Zentrum).

Jugendherberge

Via Costanzi 120, Tel./Fax 01 02 42 24 57, hostelge@iol.it
Neubau auf der Höhe über der Stadt, behindertengerecht. Anfahrt: Bus 40 ab Bhf. Brignole.

Camping

Villa Doria: Via Doria 15, Stadtteil Pegli, Tel./Fax 01 06 96 96 00.
Angenehmer, schattiger Platz am westlichen Stadtrand.

Ugo: Via Giustiniani 86r (in der Nähe des Doms), Tel. 01 02 46 93 02, So, Mo geschl., günstig.
Das einfache Lokal mit typisch genuesischer Kneipenatmosphäre wird vor allem von Einheimischen besucht; gute regionale Küche.
Da Vittorio: Via di Sottoripa 59r, Tel. 01 02 47 29 27, kein Ruhetag, günstig.
Beliebtes und belebtes Restaurant unter den Bogengängen am alten Hafen.

Da Genio: Salita San Leonardo 61r, Tel. 010 58 84 63, So geschl., moderat.
Solide genuesische Küche, sehr gut sind z. B. die Fischravioli.
Rune: Vico Domoculta 14r, Tel. 010 59 49 51, moderat.
Hübsches Lokal in der Altstadt (bei der Piazza Fontane Marose) mit vorzüglichen Gerichten wie den Nudeln mit Scampi und Pilzen oder dem gefüllten Kaninchen.
Da Rina: Via Mura delle Grazie 3r, Tel. 01 02 46 64 75, Mo geschl., moderat.
Die Chefin führt das Traditionslokal im Hafenviertel seit mehr als 50 Jahren. Der frühere Staatspräsident Sandro Pertini war Stammgast –

Vitamine bis zum Abwinken in der Markthalle von Genua

verständlich, wenn man die ausgezeichneten Fischgerichte oder das köstliche Dessert *Sacripantina* (einen Zabaione-Kuchen) genießt.
Pintori: Via San Bernardo 68r,
Tel. 01 02 75 75 07,
So, Mo geschl., teuer.
Hier kommen sardische Speisen in bester Qualität auf den Tisch, z. B. Garnelen mit Myrte und Orangen.

Cafés

Klainguti: Piazza Soziglia 102. Das traditionsreiche Kaffeehaus wurde 1828 von vier Schweizer Brüdern gegründet. Schon Giuseppe Verdi war von den köstlichen Kuchen des Hauses begeistert.
A Vedova Romanengo:
Via Orefici 35r.
Winziges Café mit einer Einrichtung aus der Zeit um 1900
Mangini: Piazza Corvetto 3. Man sitzt hier vornehm unter Kristallüstern und alten Gemälden.

Die nobelsten **Modegeschäfte** stehen in der Via Roma, viele Modeläden finden sich auch in der Via XX Settembre. Preisgünstiger kauft man in den Gassen der Altstadt in Hafennähe ein.
Antiquitätengeschäfte konzentrieren sich in der Altstadt um die Via della Maddalena, außerdem in der Via Garibaldi, Via Roma und Via Cairoli. Ein **Antiquitätenmarkt** findet am 1. Sa im Monat

im Innenhof des Palazzo Ducale statt, ein weiterer Markt am 1. So im Monat in der Altstadt im Gebiet um die Via della Maddalena und die Via di Soziglia.
Lebensmittelmarkt Mo–Sa (ganztags) in der Markthalle bei der Piazza Colombo.
Eis ist besonders gut in der Gelateria Centrale, Via San Vincenzo 25r, und im Caffé Balilla, Via Cesarea 121r.
Drogheria Torielli: Via San Bernardo 32r. Hier gibt es angeblich 268 Gewürzsorten, außerdem Tee, Kaffee, Bonbons, Honig, kandierte Früchte u.v.a.
Bücher: Bozzi, Via Cairoli 2, spezialisiert auf Bücher über Genua und Ligurien.

Musikgruppen spielen u. a. im **Louisiana Jazz Club,** Via San Sebastiano 36r, Tel. 010 46 79 71, im **Mako,** Corso Italia 28r, Tel. 010 36 76 52, und im **New Paips,** Via Oberdan 211a/r, Tel. 010 32 19 25.
Diskotheken
Estoril, Corso Italia 7d, Tel. 01 03 62 37 54.
Vorwiegend Musik der 1960er bis 80er Jahre, auch Lateinamerikanisches.
Vanilla, Via B. Salerno 4r, Tel. 01 03 99 08 72.
Disko mit Live-Musik.

Über **Kino, Konzerte** und **Theater** informiert man sich in der monatlich erscheinenden Zeitschrift »Appuntamento a Genova« und in den Tageszeitungen »La Repubblica« oder »Secolo XIX«.

Innerstädtischer Verkehr:
Fahrkarten für **Linienbusse** erhält man für ca. 1 € in Tabacchi-Geschäften. Nach dem Entwerten gelten sie 90 Min. auf dem gesamten Netz, beim Umsteigen ist nochmaliges Entwerten nicht erforderlich. **Tageskarten** *(biglietto giornaliero turistico)* kosten ca. 2,50 €; sie gelten innerhalb des Stadtbereichs auch für die Bahn. Einen Bus-Linienplan bekommt man kostenlos bei den Touristenbüros (s. S. 49).
Fernverkehr
Mit der Bahn: Von den beiden Hauptbahnhöfen Piazza Principe und Brignole fahren etwa stündlich Züge entlang der Küste nach Ventimiglia und La Spezia. Zahlreiche Direktverbindungen u. a. nach Mailand, Turin, Venedig, Florenz, Rom, Neapel, nach Deutschland und in die Schweiz.
Mit dem Flugzeug: Der Flughafen Cristoforo Colombo hat Direktverbindungen u. a. nach Mailand, München und Zürich. Er ist vom Stadtzentrum mit dem Flughafenbus in rund 20 Min. ab Bhf. Piazza Principe erreichbar.
Die meisten großen **Leihwagenfirmen** sind in Genua vertreten, z. B.:
Sixt, Via Montevideo 111, Tel. 010 31 51 66;
Hertz: Via Casaregis 6r, Tel. 01 05 70 26 25.
Andere Firmen findet man im Branchen-Telefonbuch *(pagine gialle)* unter *»Autonoleggio«*.

Imperia

Lage: C 6
Extra-Tour 3: s. S. 88
Einwohner: 40 500

Imperia besteht aus der malerisch auf einem Hügel gelegenen Altstadt Porto Maurizio und dem geschäftigen, industriell geprägten Hafenquartier Oneglia. Die beiden stark unterschiedlichen Orte wurden erst 1923 zusammengelegt. In Porto Maurizio kann man gemütlich bummeln, in Oneglia gut essen und einkaufen. Unterhalb der Altstadt gibt es auch einige schöne Badestrände.

Dom San Maurizio: Piazza del Duomo. Die größte Kirche Liguriens entstand Ende des 18. Jh. Ihre gewaltige Kuppel beherrscht das Bild der Altstadt.

Museo dell'Olivo:
Via Garessio 13,
beim Bahnhof von Oneglia,
9–12, 15–18.30 Uhr, Di geschl.
Das Museum präsentiert mit Werkzeugen und Dokumenten die Geschichte des Ölbaums und des Olivenöls; s Extra-Tour 3, S. 88.

Kleine Sandstrände in **Borgo Marina** unterhalb von Porto Maurizio.

Von Mitte Mai bis Mitte Sept. finden täglich **Schiffsexkursionen** zur Beobachtung von Walen und Delfinen statt. Die fünfstündige Fahrt kostet für Erwachsene 26 €, für Kinder von 6–14 Jahren 13 €. Auskunft: Tel. 01 83 76 93 68 und 03 36 68 88 29.

Viale Matteotti 37, Porto Maurizio, Tel. 01 83 66 01 40, Fax 01 83 66 65 10.

Mimosa: Via Privata Sant'Antonio 19,
Tel. 01 83 62 661, günstig.
Ruhiger, sehr ordentlich geführter Familienbetrieb in Strandnähe.
Croce di Malta: Via Scarincio 148, Tel. 01 83 66 70 20, Fax 018 36 36 87, www.hotelcrocedimalta.com, moderat–teuer.
Angenehmes Drei-Sterne-Hotel mit eigenem Strand, in einigen Zimmern hört man Straßenlärm.
Corallo: Corso Garibaldi 29,
Tel. 01 83 66 62 64, Fax 01 83 66 62 65, www.hotelcorallo.com,
moderat bis teuer.
Komfortables Hotel unterhalb der Altstadt, alle Zimmer haben Meerblick.

Le Grotte: Piazza E. Devi 4, Borgo Marina, Tel. 01 83 61 144, So geschl., günstig.
Trattoria in Hafennähe mit typisch ligurischen Gerichten, man kann draußen speisen.
Osteria dell'Olio Grosso:
Piazza Parasio 36, Porto Maurizio,
Tel. 018 36 08 15, Mi geschl.,
günstig.
Die gemütliche Kneipe am höchsten Punkt von Porto Maurizio ist bei den Einheimischen beliebt – Reservierung empfohlen!

Wochenmarkt Mo und Do am Domplatz von Porto Maurizio.

Bars und Pubs finden sich hauptsächlich direkt am Meer – in Borgo Marina unterhalb von Porto Maurizio und am Hafen von Oneglia.
Nova: Lungomare Vespucci 13,
Tel. 01 83 29 78 55, Mai–Sept.
Do–Sa 23–5 Uhr.
Große Disko am Meer mit Tanzfläche im Freien, die Besucher sind zwischen 20 und 35 Jahre alt.
Acqua Salata: Strada Lambolia 6, Oneglia, Tel. 01 83 66 6616.
Kleinere Disko, ebenfalls mit Tanzfläche über dem Strand.
Bacicadda: Via Cuneo 71,
Oneglia, Tel. 01 83 29 27 02.
Pub mit Live-Musik.

Mit vereinten Kräften kommt das Fischerboot an den Strand

»Infiorata« an Fronleichnam (s. S. 14).

Häufige **Bahnverbindungen** in Richtung Genua und Ventimiglia. Halbstündlich **Busse** nach San Remo sowie Andora; in Andora Anschluss nach Finale Ligure–Savona.

La Spezia

Lage: L 5
Einwohner: 96 600

La Spezia, der wichtigste Marinehafen Italiens, wird durch Militär und Industrie geprägt. Außer ihren Museen bietet die Stadt keine besonderen touristischen Attraktionen. Aber wenn man ›ganz normalen‹ italienischen Alltag erleben will, lohnt ein Bummel durch die Stadt; zudem gibt es günstige Einkaufsmöglichkeiten und gute Lokale.

Museo Amedeo Lia: Via del Prione 234, 10–18 Uhr, Mo geschl. In seiner Privatsammlung, die er 1996 der Öffentlichkeit zugänglich machte, hat der Industrielle Amedeo Lia bedeutende Werke zusammengetragen: u. a. Gemälde von van Dyck, Tizian, Tintoretto, Lucas Cranach, Pontormo, außerdem Elfenbeinarbeiten, Porzellanskulpturen, Murano-Glas.
Museo Archeologico: Castello San Giorgio, Via XXVII Marzo, Apr.–15. Okt. 9.30–12.30,17–20, 16. Okt.–März 9.30–12.30, 14–17 Uhr, Di geschl.
Hier stehen die ungewöhnlichen »Lunigiana-Stelen«, rätselhafte Steinfiguren aus der Bronze- und Eisenzeit, die in der Region Lunigiana gefunden wurden. Außerdem sind römische Plastiken und Mosaiken ausgestellt.
Museo Navale: Piazza Chiodo, Mo, Fr 14–18, Di, Mi, Do, Sa 9–12 und 14–18, So/Fei 8.30–13.15 Uhr.
Schiffsmodelle und eine einzigartige Sammlung von Galionsfiguren.

Viale Mazzini 45, Tel. 01 87 77 09 00, Fax 01 87 77 09 08.

Diana: Via Colombo 30, Tel. 01 87 73 40 97, günstig.
Ordentliches einfaches Hotel, manche Zimmer sind allerdings renovierungsbedürftig.
Genova: Via Fratelli Rosselli 84, Tel. 01 87 73 29 72, Fax 01 87 73 29 23, www.hotelgenova.it, moderat.
Gutes Drei-Sterne-Hotel in zentraler Lage, freundlicher Empfang.

Dino: Via da Passano 17, Tel. 01 87 73 61 57, So/Mo geschl., günstig.
Gutbürgerliches Restaurant mit sehr sorgfältiger, professioneller Küche. Probieren Sie das Dessert *Panna cotta* – besser kann man es kaum zubereiten!

Der **Lebensmittelmarkt** auf der Piazza Cavour (Mo–Sa vorm.) bietet ein großes Sortiment an Gemüse, Käse, Wurstwaren und Fisch. Jeden Freitag findet in der Via Garibaldi und den angrenzenden Straßen ein besonders großer **Wochenmarkt** statt.
Kleidung findet man vor allem in der Via del Prione und am Corso Cavour. Generell sind die Geschäfte von La Spezia relativ preisgünstig.

Palio del Golfo am 1. August-Sonntag (s. S. 14).

Häufige **Bahnverbindungen** Richtung Genua, Mailand und Rom. Direkte Züge auch nach Deutschland und in die Schweiz.

Laigueglia

Lage: D 5
Einwohner: 2500

Ein besonders angenehmer kleiner Badeort an der Bucht von Alassio. Im Gegensatz zu dem berühmten Nachbarort geht es hier viel ruhiger zu, aber der feine ausgedehnte Sandstrand ist genauso schön, und der alte Ortskern hat noch gut den Stil des ehemaligen Fischerdorfs bewahrt.

Breite, feinsandige Strände im Ort.

Via Roma 2, Tel. 01 82 69 00 59, Fax 01 82 69 17 98.

Villa Bianca: Via Maglione 6, Tel./Fax 01 82 69 00 74, günstig.
Freundliche Familienpension in einem kleinen Garten in Bahnhofsnähe.
Mariella: Via Dante 190, Tel. 01 82 69 03 56, Fax 01 82 69 03 78, moderat.
Persönlich geführt und sehr originell eingerichtet, mit Antiquitäten, Wandfresken und einem Stuckgewölbe.
Mediterraneo: Via A. Doria 18, Tel. 01 82 69 02 40, Fax 01 82 49 97 39, www.hotelmedit.it, moderat.
Etwas oberhalb des Ortskerns am Waldrand gelegenes gutes Drei-Sterne-Hotel.
Camping
Capo Mele: Via Aurelia, Tel./Fax 01 82 49 99 97.
Schattiger Platz am westlichen Ortsrand.

La Prua: Via Dante Alighieri, Tel. 01 82 69 91 95, Do geschl., günstig–moderat.

Man sitzt schön auf der Terrasse mit Meerblick und genießt ein angenehmes Fischmenü.
Baia del Sole: Piazza Cavour 8, Tel. 01 82 69 00 19, Mo geschl., teuer.
Ausgezeichnetes elegantes Fischlokal direkt am Meer, für die hervorragende Qualität sind die Preise nicht zu hoch.
Caffé Albatros: Piazza Cavour 1, Mi geschl.
Die appetitlichen Kuchen kommen aus der Backstube gleich hinter der Bar. Es gibt auch gutes hausgemachtes Eis. Man sitzt gemütlich auf der Piazza.

La Suerte: Via Roma 115, Tel. 01 82 69 91 36, Mai/Juni–Sept., Mo, Mi geschl.
Die große Diskothek direkt am Meer (mit Tanzfläche im Freien) ist im weiten Umkreis bekannt, meist ist es gedrängt voll und am Eingang bilden sich oft lange Schlangen. Publikum bis etwa 35 Jahre.

Mehrfach täglich **Bahnverbindungen** in Richtung Genua und Ventimiglia. Alle 20 Min. **Busse** nach Alassio–Savona sowie nach Andora; in Andora Anschluss nach Imperia–San Remo.

Lerici

Lage: L 5
Einwohner: 11 300

Ein gewaltiges Kastell überragt das ehemalige Fischerdorf am südöstlichen Rand des Golfs von La Spezia. Der Ausflugstourismus prägt die Atmosphäre; außerhalb der Saison zeigt sich die hübsche Kleinstadt idyllischer.

Burg: Lerici war Grenzbastion der Republik Genua gegen den Erzfeind Pisa – so erklärt sich die ungewöhnliche Größe des Kastells. Im Burghof erhebt sich die gotische **Sant' Anastasia-Kapelle,** daneben befindet sich der Zugang zum Erdgeschichtlichen Museum (s. unten).

Museo Geo-Paleontologico, in der Burg, April–Juni und Sept./Okt. 9–13, 15–19, Juli/Aug. 10–13, 17–24 Uhr, Nov.–März 9–13, 14.30– 17.30 Uhr, ganzjährig Mo geschl.
Das Museum der Erd- und Frühgeschichte zeigt u. a. Fossilien und Skelette von Sauriern.

Der gesamte Küstenabschnitt zwischen San Terenzo und Tellaro ist Steilküste mit nur wenigen Stränden (z. B. in **San Terenzo** und bei **Fiascherino)** und versteckten Badebuchten.

Tellaro, das man von Lerici in 15 Min. mit dem Linienbus erreicht, ist ein besonders pittoreskes Küstendorf. Hier lebte für längere Zeit der britische Schriftsteller D. H. Lawrence.

Via Biaggini 6, Tel./Fax 01 87 96 73 46.

Del Golfo: Via Gerini 37, Tel. 01 87 96 74 00, Fax 01 87 96 57 33, moderat.
Freundlich geführt, Zimmer nach hinten nehmen, wenn man keinen Straßenlärm verträgt!
Doria Park Hotel: Via Doria 2, Tel. 01 87 96 71 24, Fax 01 87 96 64 59, doriahotel@tamnet.it, teuer.
Komfortables Haus in aussichtsreicher Lage über dem Ort, großer Garten.

Camping
Maralunga: Via Carpanini 61, Ortsteil Maralunga, Tel. 01 87 96 65 89, Juni–Sept. Terrassierter Platz, schattig, sehr schöner Meerblick.
In der Umgebung:
Gianna: Via Fiascherino 7, Tellaro, Tel./Fax 01 87 96 64 11, www.campeggiogianna.com, April–Sept.
Gute Lage im Olivenhain und mit Schwimmbad.

Frantoio: Via Cavour 21, Tel. 01 87 96 41 74, Mo geschl., teuer.
Gepflegtes Fischrestaurant in einer ehemaligen Ölmühle im alten Ortskern. Gehobene Preise und angemessene Qualität .

Wochenmarkt Sa vormittag

Fest des hl. Erasmus am 1. Juli-Wochenende mit Feuerwerk und Bootsprozession.

Busse nach La Spezia alle 15 Min., nach Tellaro stündlich (So/Fei nur nachmittags). Von April bis Oktober mehrfach täglich **Schiffe** nach Portovenere und in die Cinque Terre.

Levanto

Lage: K 4
Einwohner: 6500

Der größte Ort im dünn besiedelten Küstenabschnitt zwischen Sestri Levante und La Spezia dient vielen Touristen als Standquartier für Ausflüge in die nahegelegenen Cinque Terre. Die lebendige Kleinstadt eignet sich gut für Badeferien, ebenso wie der ruhigere Nachbarort Bonassola.

Sant'Andrea: Die gotische Kirche am östlichen Ortsrand hat ein schönes Rosenfenster. Die Fassade zeigt, wie auch bei anderen ligurischen Kirchen, ein grün-weißes Streifenmuster.

Breiter Sandstrand, gut für Kinder geeignet.

Die nahegelegene Region der Cinque Terre ist ein optimales **Wandergebiet** (s. Extra-Tour 5, S. 92).
Tauchen: Diving Center Cartura, Via Zoppi 8, Tel./Fax 01 87 80 87 66.
Kanu und Surfen (Kurse und Verleih): Ondasport, Via Mazzini 8, Tel. 01 87 80 14 83.

Der kleine Nachbarort **Bonassola** liegt schön in einer geschützten Bucht. Er eignet sich als ruhiger Aufenthaltsort für einen Bade- oder Wanderurlaub.

Piazza Cavour, Tel./Fax 01 87 80 81 25.

La Loggia: Piazza del Popolo, Tel. 01 87 80 81 07, günstig–moderat.
Einfache, ordentliche Zimmer in zentraler Lage.
...in der Umgebung:
Villa Belvedere: Via A Serra 15, Bonassola, Tel./Fax 01 87 81 36 22, hotelvillabelvedere.hote@tin.it, moderat.
Das Hotel in schöner Lage über dem Ort wurde vor kurzem renoviert. Hübscher Garten.
Delle Rose: Via Garibaldi 8, Bonassola, Tel. 01 87 81 37 13, Fax 01 87 81 42 68, lerose@spitline.it, moderat.

Schmuckstück von Levanto: Fensterrose der Kirche Sant'Andrea

Sympathisch geführtes Haus im Ortszentrum, einige Zimmer mit Meerblick.

Jugendherberge

Ospitalia del Mare: Via San Nicolo 1, Tel. 01 87 80 25 62, Fax 01 87 80 36 96, ospitalia@libero.it

Neue Jugendherberge in einem ehemaligen Kloster, gute Ausstattung, keine Altersbeschränkungen, allerdings vergleichsweise teuer.

Camping

Acqua Dolce: Via Semenza 5, Tel. 01 87 80 84 65, Fax 01 87 80 73 65 acquadolce@tin.it

Am Ortsrand, schattig unter Ölbäumen, in der Saison oft sehr voll

San Michele: Via Villa San Michele 98, Tel. 01 87 80 04 49, April–Sept.

3 km vom Ort in einem kleinen Wald. Die Lage ist schön, die sanitären Anlagen eher einfach.

La Vineria: Piazza Staglieno 28, Tel. 01 87 80 72 39, 18–2 Uhr, Do geschl.

Weinstube mit vorzüglichem Angebot aus allen italienischen Regionen, dazu gibt's gute belegte Brote und kleine Gerichte.

L'Oasi: Piazza Cavour, Tel. 01 87 80 08 56, Mi geschl., moderat–teuer.

Eines der besten Fischlokale der Gegend. Fangfrischer Fisch wird hier vorzüglich zubereitet. Sehr gut sind auch Antipasti und Muschel-Spaghetti.

Wochenmarkt Mi (vormittags). **Enoteca Le Tumeline:** Via Don Emanuele Toso 1, Tel. 01 87 87 00 01, gutes Weinangebot vor allem aus den Regionen Ligurien, Toscana, Piemont, Friaul. **Pasticceria Perla:** Piazza Staglieno 33, ausgezeichnete Kuchen.

Festa di San Giacomo am 25. Juli (vgl. S. 14)

Häufige Bahnverbindungen in Richtung Genua und La Spezia, Fernzüge auch nach Mailand, Turin und Rom.

Manarola

Lage: K 5
Extra-Tour 5: s. S. 92
Einwohner: 700

Manarola, eines der fünf Dörfer der Cinque Terre, hat viele italienische Künstler des 20. Jh. angezogen. Die Silhouette des Dorfes wirkt wie die Vorlage zu einem kubistischen Bild. Heute laufen statt der Maler Touristen aus aller Welt durch den Ort, aber die einzigartige Architektur und die faszinierende Landschaft der Umgebung sind unverändert schön geblieben.

Die Gegend um Manarola ist, wie das gesamte Gebiet der Cinque Terre, optimal zum **Wandern** geeignet. Die »Via dell'Amore«, der kurze Weg nach Riomaggiore, ist wohl der meistbegangene italienische Fußweg (s. Extra-Tour 5, S. 92).
Tauchen (Kurse und Exkursionen): Diving Cinqueterre, Via San Giacomo 54, Riomaggiore, Tel. 01 87 92 00 11, Fax 01 87 92 07 42. Hier kann man auch Kanus ausleihen.

Der pittoreske Nachbarort **Riomaggiore** lohnt den Besuch, besonders der kleine Hafen ist sehenswert. Riomaggiore ist von Manarola mit der Bahn oder auf einem Spaziergang über die »Via dell'Amore« erreichbar.

Privatunterkünfte – die preisgünstigste Lösung – findet man am besten über zwei Agenturen im benachbarten Riomaggiore:
Agenzia Vesigna, Via Colombo 111, Tel./Fax 01 87 92 03 25;
Agenzia Fazioli, Via Colombo 94, Tel./Fax 01 87 92 09 04.
Ca d'Andreean: Via Discovolo 101, Tel. 01 87 92 00 40, Fax 01 87 92 04 52, moderat.
Die Vorzüge dieses angenehmen Dorfhotels sind die geräumigen Zimmer und der kleine Garten.
Marina Piccola: Via Discovolo 192, Tel. 01 87 92 01 03, Fax 01 87 92 09 66, marijes@tin.it, moderat.
Angenehme, allerdings teilweise sehr kleine Zimmer, in der Dependance einige Räume mit Balkon und Meerblick.
Jugendherberge:
Ostello Cinque Terre: Via Riccobaldi 21, Manarola, Tel. 01 87 92 02 15, Fax 01 87 92 02 18, www.cinqueterre.net/ostello
Die vorzügliche neue Jugendherberge mit wunderschöner Dachterrasse ist äußerst beliebt bei amerikanischen Jugendlichen, langfristige Reservierung dringend empfohlen!
...in Riomaggiore:
Villa Argentina:
Via De Gasperi 170, Tel./Fax 01 87 92 02 13, teuer.
Das Zwei-Sterne-Hotel am oberen Ortsrand ist mit Bildern von Künstlern geschmückt, die in Riomaggiore und Manarola gemalt haben. Schöne Aussicht von den Zimmern mit Balkon.

Billy: Via Rollandi 122, Tel. 01 87 92 06 28, Do geschl., günstig.
Das schönste an der Trattoria im oberen Ortsteil ist der Traumblick von der kleinen Terrasse.
Cappun Magru: Via Volastra 19, Ortsteil Groppo (2 km von Manarola), Tel. 01 87 92 05 63, Mo und Di geschl., außer So nur abends geöffnet, teuer.
Experimentelle, kreative Küche von bester Qualität in einem winzigen Dorflokal (Reservierung unerläss-

lich!) – der Chef Maurizio Bordoni bringt gewagte, aber stimmige Gerichte auf den Tisch, etwa Spinat- und Birnen-Cannelloni mit Parmesancreme oder Rinderfilet mit grünem Pfeffer und Feigen.
Zio Bramante: Via Discovolo: Weinstube mit guter Auswahl regionaler Weine, auch glasweise erhältlich.

Ortsfest des hl. Lorenz am 10. August.

Häufige **Bahnverbindungen** Richtung Genua und La Spezia. Von Riomaggiore im Sommerhalbjahr **Schiffe** nach Monterosso und Portovenere.

Monterosso

Lage: K 4
Extra-Tour 5: s. S.92
Einwohner: 1700

Die Region der Cinque Terre ist als Wandergebiet weltweit bekannt geworden. Monterosso, das größte der ›fünf Dörfer‹, wirkt zwar nicht so pittoresk wie die anderen Orte. Dafür finden sich hier die meisten Hotels, Restaurants und Geschäfte. Am breiten Strand kann man zudem gut baden.

Kirche San Giovanni Battista: Die Kirche aus dem 13. Jh. hat an der Fassade ein fein gearbeitetes gotisches Rosenfenster.

Breiter Sand- und Kiesstrand.

Wandern ist die Hauptbeschäftigung der Cinque-Terre-Reisenden – vor allem im Frühjahr und Herbst sind die bekanntesten Wege manchmal überfüllt. Das ausgedehnte Wegenetz ist gut markiert – und wirklich einzigartig schön.

im Bahnhof,
Tel. 01 87 81 70 59.

Eine Liste der **Privatvermieter** erhält man beim Touristenbüro. Mit Preisen um 25–30 € pro Person und Tag sind Privatzim-

Im Urlaub sitzt das Geld für hübschen Krimskrams locker

mer und -wohnungen die günstigsten Unterkünfte.
Degli Amici: Via Buranco 36, Tel. 01 87 81 75 44, Fax 01 87 81 74 24, www.cinqueterre.it/hotel_amici, moderat.
Im alten Ortskern, mit einem hübschen Orangengarten.
Suisse Bellevue: Ortsteil Minali, Tel. 01 87 81 80 65, Fax 01 87 81 83 25, teuer.
2 km vom Ort in ruhiger Panoramalage, von Pinienwald umgeben.
Villa Steno: Via Roma 109, Tel. 01 87 81 70 28, Fax 01 87 81 73 54, www.pasini.com, teuer.
Gepflegtes, ruhiges Drei-Sterne-Hotel, die meisten Zimmer mit schönem Ausblick über den Ort aufs Meer. Sehr beliebt bei amerikanischen Gästen – langfristig reservieren!
Porto Roca: Via Corone 1, Tel. 01 87 81 75 02, Fax 01 81 76 92, www.portoroca.it, Luxus.
Das komfortabelste Hotel der Cinque-Terre liegt auf einem Felsen direkt über dem Ufer; aufs Meer schaut man allerdings nur von den teureren Zimmern nach vorn, hinten blickt man auf eine Felswand.
Camping
Die nächstgelegenen Campingplätze finden sich in Levanto (s. S. 58).

Miky: Via Roma 104, Tel. 01 87 81 76 08, Di geschl., moderat.
Gute Pizza aus dem Holzofen, aber auch solide Nudel- und Fischgerichte.
Moretto: Piazza Colombo 1, Tel. 01 87 81 74 83, kein Ruhetag, moderat.
Angenehmes, gutbürgerliches Lokal, die Küche arbeitet mit guten Grundbestandteilen.

In der Umgebung:
Trattoria del Villaggio: Puin (7 km Richtung Pignone), Tel. 01 87 88 81 30, Di geschl., günstig.
Angenehme Trattoria im Hinterland, die Portionen sind großzügig bemessen, das Essen gut – z. B. der Risotto mit Meeresfrüchten.

Originelles **Kunsthandwerk** gibt es in dem kleinen Laden MG, Via Roma 48. Vorzügliche **Weinauswahl** in der Enoteca delle Cinque Terre, Via Roma 62.

Ortsfest des hl. Johannes am 24. Juni.

Häufige **Bahnverbindungen** in Richtung La Spezia (mit Halt in den anderen Cinque-Terre-Dörfern) und Genua, Direktverbindungen auch nach Deutschland und in die Schweiz. Im Sommerhalbjahr **Schiffe** nach Vernazza, Riomaggiore und Portovenere.

Noli

Lage: E 4
Einwohner: 3500

Im mittelalterlichen Stadtkern mit seinen Gassen, Plätzen und historischen Gebäuden kann man sich noch die alten Zeiten vorstellen, als die Kaufleute der Stadt im gesamten Mittelmeerraum Handel trieben. 600 Jahre lang – von 1193 bis 1797 – war der kleine Ort eine selbstständige Republik. Doch nicht nur wegen seiner Geschichte ist Noli interessant, es bietet sich auch für einen ruhigen Badeurlaub an.

Der Hafen der Reichen und Schönen: Portofino

Portici della Repubblica: Piazza del Milite Ignoto. Der mittelalterliche Bogengang, der nur zum Teil erhalten blieb, war früher zum Meer hin offen. Er diente als Treffpunkt der Einheimischen und als Lagerplatz für Boote.

Palazzo del Comune: Corso Italia. Das Rathaus neben dem Stadttor Porta Piazza wird von einem hohen, im 13. Jh. erbauten Turm überragt.

San Paragorio: Via alla Stazione, Juni–Sept. Di, Do, Sa, So 10–12, 17–19 Uhr, Okt.–Mai beim Touristenbüro anfragen.
Die dreischiffige Kirche wurde im 11. Jh. errichtet. Sie zeigt außen schöne farbige Majolika-Dekorationen. Im Innenraum sind vor allem ein bemaltes romanisches Kruzifix und eine Kanzel mit langobardischen Flechtbandornamenten interessant.

Sand- und Kiesstrände.

Corso Italia 8,
Tel. 01 97 49 90 03,
Fax 01 97 49 93 00.

Rino:
Via Cavalieri di Malta 3,
Tel. 019 74 80 59, günstig.
Korrektes einfaches Hotel am Altstadtrand.

Miramare: Corso Italia 2, Tel. 019 74 89 26, Fax 019 74 89 27, moderat–teuer.
Komfortable Unterkunft in einer ehemaligen Festung an der Uferstraße. Die Zimmer nach vorn haben Meerblick, sind aber nicht ganz ruhig.

Romeo: Via Colombo 83, Tel. 019 74 89 73, kein Ruhetag, günstig–moderat.
Gute Hausmacherküche mit typischen regionalen Gerichten.
Italia: Corso Italia 23, Tel. 019 74 89 71, Do geschl., teuer.
Hier gibt es vor allem gute Fischgerichte, auch die Desserts sind sehr empfehlenswert.

Wochenmarkt Do (vorm.) in der Via Stazione und Piazzale Battisti.

Ortsfest des hl. Eugenio am 2. So im Juli. **Regata dei Rioni** am 2. So im Sept.: Ruderwettkampf zwischen den Stadtteilen Nolis und Umzug in historischen Kostümen.

Stündlich **Busse** nach Finale Ligure/Alassio und nach Savona, dort Bahnanschluss.

Portofino

Lage: H 3
Extra-Tour 4: s. S. 90
Einwohner: 400

Portofino ist der nobelste Urlaubsort der Riviera. Der kleine Ort auf einer Halbinsel hat Prominenz von Kaiser Wilhelm II. bis Frank Sinatra beherbergt; heute logieren dort manche der italienischen Super-Reichen. Mit seinen farbigen Häusern wirkt Portofino wie ein Traum von einem Fischerdorf. Für Normalverbraucher ist von einem längeren Aufenthalt allerdings abzuraten: Die Preise – vom Cappuccino bis zum Hotelzimmer – sind extrem hoch.

Im nahegelegenen **Paraggi** ein guter Sandstrand (in der Saison allerdings nur gegen Eintrittsgeld zugänglich) und einige Felsbadestellen.

Tauchen: Die Halbinsel von Portofino hat ein besonders interessantes Unterwasserleben, an einigen Stellen finden sich sogar noch Korallen. Tauch-Touren werden organisiert von:

Souvenir, Souvenir ...

D&WS, Via Jacopo Ruffini 2/A, Santa Margherita Ligure, Tel. 01 85 28 25 78, www.dws-scubaservice.com

Mit dem Schiff zum Kloster **San Fruttuoso** (s. S. 36).

Via Roma 35, Tel./Fax 01 85 26 90 24.

Eden: Vico Dritto 18, Tel. 01 85 26 90 91, Fax 01 85 26 90 47, www.italyhotels.it, Luxus.
Im preisgünstigsten Hotel des Ortes kostet das Doppelzimmer bereits um 200 €...
Splendido: Viale Baratta 16, Tel. 01 85 26 78 01, Fax 01 85 26 78 06, www.orient-expresshotels.com, Luxus.
Eines der exklusivsten italienischen Hotels, in wunderbarer Panoramalage, mit allem Komfort, Doppelzimmer ab 600 €!

Zahlreiche italienische **Modedesigner** sind in Portofino mit eigenen Geschäften vertreten.

Diskotheken in S. Margherita Ligure und Paraggi (s. S. 72).

Ortsfest des hl. Georg am 23. April.

Alle 25 Min. **Linienbusse** nach S. Margherita Ligure, Fahrzeit 15 Min. **Schiffsverbindungen** nach S. Margherita Ligure und San Fruttuoso. Von der Anfahrt mit dem **Auto** ist abzuraten: Die Zufahrt wird entsprechend der freien Parkplätzen reguliert, Wartezeiten sind oft unvermeidlich, die Parkgebühren sind sehr hoch. Besser lässt man den Wagen in S. Margherita Ligure und nimmt von dort den Bus.

Portovenere

Lage: L 5
Einwohner: 4200

Portovenere zählt zu den hübschesten Orten Liguriens. Einst war es die Grenzbastion der Republik Genua gegen Pisa. Zum Meer hin erheben sich die hohen Fassaden farbiger Häuser, über dem Ort steht die gewaltige, von den Genuesen errichtete Festung. Besonders schön ist die kleine Kirche San Pietro auf einer felsigen Halbinsel im Meer.

San Lorenzo: Die romanische Kirche im oberen Ortsteil wurde um 1130 errichtet.
Burg: Die gewaltige Befestigungsanlage diente als Bollwerk der Re-

publik Genua gegen das angrenzende Territorium Pisas. Der heutige Bau – auf den Überresten eines älteren Vorgängerbaus – stammt aus dem 16. und 17. Jh.
San Pietro: Die kleine Kirche, eine der ältesten der Riviera, steht in großartiger Lage auf einem Felsen am Ortsrand. Die Vorhalle stammt aus dem 6. Jh., das gotische Hauptschiff entstand im 13. Jh.

Kies- und Sandstrände auf der Insel **Palmaria** (s. u. »Ausflüge«).

Vor allem im Frühsommer, wenn die reiche Macchia-Vegetation blüht, lohnt der Ausflug zur vorgelagerten Insel **Palmaria** (ab Portovenere 10 Min. mit dem Schiff). Man findet auf der fast unbewohnten Insel schöne Badeplätze. Im Hochsommer sind sie allerdings oft überlaufen.

Piazza Bastreri 1, Tel. 01 87 79 06 91, Fax 01 87 79 02 15.

Genio: Piazza Bastreri 8, Tel./Fax 01 87 79 06 11, moderat.
Kleines Hotel in den alten Wehranlagen direkt am Stadttor.
Grand Hotel Portovenere: Via Garibaldi 5, Tel. 01 87 79 26 10, Fax 01 87 79 06 61, www.rphotels.com, teuer–Luxus.
Komfortables Vier-Sterne-Hotel in einem ehemaligen Kloster mit schöner Aussicht über den Hafen.

Osteria del Carugio: Via Capellini 66, Tel. 01 87 79 06 17, Do geschl., günstig.
Freundliche Weinstube mit kleinen Gerichten, allerdings sitzt man auf den Holzbänken etwas unbequem.

Ortsfest der Madonna Bianca am 17. August. **Fest des hl. Venerius** am 13. September (s. S. 15).

Busse nach La Spezia alle 20 Min. (in La Spezia Abfahrt ab Via Garibaldi, Linie P), Fahrzeit 35 Min. Von April bis Oktober mehrfach täglich **Schiffe** in die Cinque Terre, nach Levanto, Lerici und La Spezia.

Rapallo

Lage: H 3
Einwohner: 29 300

Bis zum Zweiten Weltkrieg war Rapallo einer der vornehmsten Badeorte der Riviera. Dann wurden die Kleinstadt und ihre nähere Umgebung gnadenlos zersiedelt, so dass sich heute höchstens noch ein Kurzbesuch lohnt. Bei italienischen Pensionären ist der Ort allerdings immer noch als Winterquartier beliebt.

Chioscho della Banda Musicale: Piazza Martiri della Libertà. Der Musikpavillon aus der Zeit um 1900 zeigt auf verblichenen Fresken kuriose Porträts berühmter Komponisten.
Ponte Annibale: Via Annibale. Die angebliche »Römerbrücke« stammt aus dem späten Mittelalter.
Madonna di Montallegro: Die Wallfahrtskirche 600 m über dem Ort erreicht man mit der Seilbahn. Vom Kirchplatz genießt man ein großartiges Panorama.

In Rapallo gibt es keine Bademöglichkeit. Der nächste gute Sandstrand liegt in **San Mi-**

chele di Pagana (2 km Richtung Santa Margherita Ligure).

Am Stadtrand befindet sich einer der schönsten **Golfplätze** der Region: Golf Rapallo, Via Mameli 377, Tel. 01 85 26 17 77.
Ein schöner **Wanderweg** führt in gut 3 Std. von Montallegro (s. S. 65) nach Chiavari. Der z. T. recht schmale, markierte Weg (zwei rote Quadrate) bietet streckenweise ein herrliches Küstenpanorama.

Lungomare Vittorio Veneto 7, Tel. 01 85 23 03 46,
Fax 018 56 30 51.

Bandoni: Via Marsala 24,
Tel. 018 55 04 23,
Fax 018 55 72 06, günstig.
Freundliche Familienpension, viele Zimmer mit Aussicht aufs Meer.
Minerva: Corso Colombo 7,
Tel. 01 85 23 44 72,
Fax 01 85 23 44 74, moderat.
Angenehmes, gepflegtes Haus in zentraler Lage.
Riviera: Piazza IV Novembre 2,
Tel. 018 55 02 48,
Fax 018 56 56 68,
www.hotel-riviera.it, teuer.
Komplett renoviertes, komfortables kleines Hotel in einem Palazzo an der Uferpromenade. Nicht völlig ruhig.
Camping
Rapallo: Via San Lazzaro 4/d,
3 km westlich vom Ort
Tel./Fax 01 85 26 20 18,
campingrapallo@libero.it,
April–Sept. geöffnet.

Bansin: Via Venezia 105,
Tel. 01 85 23 11 19, So (abends) u. Mo geschl., günstig.
Urige Trattoria mit regionalen Gerichten, im Sommer kann man draußen sitzen.

La Goletta:
Via Magenta 28,
Tel. 01 85 66 92 61,
Do geschl., moderat.
Gepflegtes Lokal in der Nähe des Bahnhofs, kleine Aufmerksamkeiten des Chefs (wie der Gratis-Aperitif) schaffen schnell gute Laune, das Essen ist vorzüglich, sehr empfehlenswert z. B. das *fritto misto*.

Lebensmittelmarkt werktags vormittags auf der Piazza Venezia. Wochenmarkt Do vormittags auf der Piazza Cile. **Antiquitätenmarkt** am 4. So des Monats auf der Uferpromenade. **Bottega dei Sestrieri:** Via Mazzini 44. Käse- und Wurstangebot in Spitzenqualität aus allen Regionen Italiens.

Fest der Madonna von Montallegro 1.–3. Juli (vgl. S. 14).

Etwa stündlich **Bahnverbindungen** in Richtung Genua und La Spezia. Häufig verkehrend **Busse** nach Santa Margherita Ligure, Camogli und Chiavari.

San Remo

Lage: B 6
Extra-Touren 1/2: s. S. 84, 86
Einwohner: 55 100

San Remo hat viele Seiten. Das verfallene Altstadtviertel Pigna wirkt fast wie eine orientalische Kasbah; das laute und lebhafte moderne Zentrum lockt mit zahlreichen Geschäften, Bars und Kneipen; am Strand und den Uferpromenaden entfaltet sich im Sommer intensives Urlaubsleben.

Die viertgrößte Stadt Liguriens ist außerdem berühmt für das jährlich im Februar stattfindende Schlagerfestival. Idyllische Ferien kann man hier nicht verbringen, aber wer Action und Unterhaltung schätzt, ist in San Remo gut aufgehoben.

Forte di Santa Tecla: Die Festung am alten Hafen wurde 1755 von den Genuesen errichtet, um Aufstandsversuche der Einheimischen niederzuhalten.
San Basilio: Largo Nuvolini. Die russisch-orthodoxe Zwiebelturmkirche wirkt wie ein kurioser Fremdkörper. Sie erinnert an den Aufenthalt der Zarin Maria Alexandrowna in San Remo in den Jahren 1874/75.
San Siro: Piazza San Siro. Die Kathedrale entstand im 13. Jh. auf den Grundmauern einer frühchristlichen Kirche. Das barocke Kruzifix am Hauptaltar stammt von dem genuesischen Künstler Antonio Maria Maragliano.
Pigna-Viertel: Der älteste Teil San Remos erhebt sich auf einem Hügel oberhalb der Neustadt. Man erforscht ihn auf Treppenwegen und winzigen Gassen. Am höchsten Punkt steht die 1630 errichtetete barocke Wallfahrtskirche Madonna della Costa.
Santa Maria degli Angeli: Piazza Colombo. Der Innenraum dieser Rokoko-Kirche ist mit einer prunkvollen Stuckdekoration verziert.
Villa Zirio: Corso Cavallotti 51. Einer der zahlreichen Bauten aus der großen Zeit des San-Remo-Tourismus Ende des 19. Jh., als sich zahlreiche gekrönte Häupter in der Stadt aufhielten. In der Villa Zirio wohnte 1888 der deutsche Kronprinz und spätere deutsche Kaiser Friedrich III.

Ungewöhnliche Formen: Die Zwiebeltürme der russischen Kirche San Basilio

Villa Nobel: Corso Cavallotti 116. Von 1891 bis zu seinem Tode 1896 lebte hier Alfred Nobel, der schwedische Wissenschaftler, Unternehmer und Stifter des Nobel-Preises.

Archäologisches Museum: Via Matteotti 143, Di–Sa 9–12, 15–18 Uhr. Das Museum in dem schönen Barock-Palazzo Borea d'Olmo zeigt frühgeschichtliche und römische Funde.

Frei zugänglicher Kies- und Sandstrand hinter dem Bahnhof. Schöne Sandstrände – in der Saison nur gegen Eintrittsgeld zugänglich – am **Lungomare Vittorio Emanuele** und am **Corso Trento e Trieste.**

Ein schöner **Golfplatz** liegt oberhalb der Stadt: Strada del Golf 59, Tel. 01 84 55 70 93.
Tauchen: Polo Sub Sanremo, Via

Lungomare Darsena Porto, Arma di Taggia, Tel. 01 84 53 53 35, Fax 01 84 53 06 62.

Bussana Vecchia: Das 8 km von San Remo entfernte Dorf wurde 1887 bei einem Erdbeben zerstört. Seit den 1950er Jahren entstand es neu als Wohnort von Künstlern und Kunsthandwerkern. Die Neusiedler, darunter viele Ausländer, errichteten Wohnungen und Läden in den Ruinen. Heute zieht der ungewöhnliche Ort zahlreiche Besucher an. Er hat eine besondere Atmosphäre, denn immer noch ragen über den geschickt restaurierten Häusern die alten Ruinenmauern in die Höhe. Sehenswert sind auch die zahlreichen interessanten Kunstgewerbegeschäfte.

Largo Nuvoloni 1, Tel. 018 45 90 59, Fax 01 84 50 76 49.

Ambrosiano: Via Roma 36, Tel. 01 84 57 71 89, Fax 01 84 54 27 15,

costellazione@tin.it, günstig. Familiäre Pension im 4. Stock, der abenteuerliche Aufzug funktioniert problemlos! Besser die ruhigeren Zimmer nach hinten reservieren.

Arenella: Corso Raimondo 2, Tel. 01 84 50 36 39, Fax 01 84 57 24 97, www.paginegialle.it/arenella, günstig. Sehr gut geführtes Hotel in einem unschönen Sechziger-Jahre-Bau. Die Zimmer sind makellos in Schuss, allerdings hört man etwas Lärm von Bahn und Straße.

Corso: Corso Cavallotti 194, Tel. 01 84 50 99 11, Fax 01 84 50 92 31, www.hotel-corso.com., günstig. Sehr freundlich geführtes Zwei-Sterne-Hotel am Stadtrand bei der Villa Nobel, guter Komfort, ansprechende Einrichtung.

Alexander: Corso Garibaldi 123, Tel. 01 84 50 45 91, Fax 01 84 57 21 31, moderat. Ordentliches kleines Hotel in zentral gelegenem Palazzo mit Garten.

Beau Rivage: Corso Trento e Trieste 53,

Tel./Fax 01 84 50 50 25, www.beaurivage.it, moderat.
Direkt am Meer, viele Zimmer mit Meerblick, im Sommer hört man allerdings vorn den Betrieb auf der Uferpromenade.
Royal: Corso Imperatrice 80, Tel. 01 84 53 91, Fax 01 84 66 14 45, www.royal hotelsanremo.com, Luxus.
Exklusives Nobelhotel mit langer Tradition in einem Park voller Blumen.
Camping
Villaggio dei Fiori: Via Tiro a Volo 3, Tel. 01 84 66 06 35, Fax 01 84 66 23 77, www.seasun.net
Der schönste unter mehreren Campingplätzen, direkt am Meer, schattig, leider hört man etwas Straßenlärm von der nahegelegenen Via Aurelia.

Bacchus: Via Roma 65, Tel. 01 84 53 09 90, So geschl., günstig.
Enoteca mit riesigem Weinangebot und guten kleinen Gerichten für zwischendurch.
Nuovo Piccolo Mondo: Via Piave 7, Tel. 01 84 50 90 12, So u. Mo geschl, günstig.
Ausgezeichnete regionale Küche in einem schlichten Restaurant im Zentrum.
Taverna al 29: Piazza Cassini 5, Tel. 01 84 57 00 34, Mo geschl., moderat.
Kleines Lokal am Zugang zur Altstadt mit originellen Spezialitäten wie Brennessel-Ravioli in Trüffelsauce.
La Porta Blu: Via Marsaglia 34, Tel. 01 84 50 50 00, So u. Mo (mittags) geschl., moderat.
In der Porta Blu sind außer der Tür auch die Teller blau – alles klein, aber fein, und mit gutem Essen.
Paolo e Barbara: Via Roma 47, Tel. 01 84 53 16 53, Mi u. Do (mittags) geschl., teuer.
Eines der renommiertesten Restaurants der Riviera, Feinschmeckerküche zu entsprechend gehobenen Preisen.

Lebensmittelmarkt werktags vormittags in der Markthalle Piazza degli Eroi Sanremesi. **Wochenmarkt** Di u. Sa jeweils vormittags neben der Markhalle.
Popoff: Via Gaudio 11, Tel. 01 84 53 39 79, Mo vorm. geschl.
Plattenladen mit viel italienischer Popmusik – hier kann man die Hits des letzten San-Remo-Festivals erwerben.

Im Sommer haben zahlreiche Lokale bis in den frühen Morgen offen. Besonders viel läuft an der Uferpromenade **Corso Trento e Trieste** zwischen altem Hafen (Porto Vecchio) und Jachthafen. Erstaunlicherweise gibt es allerdings in San Remo kaum eine Disko-Szene. Wer es sich leisten kann – d. h. vor allem die etwas Älteren – fährt zum Tanzen ins trendigere Monte Carlo oder nach Nizza.
Ninfa Egeria: Corso Matteotti 178, Tel. 01 84 59 11 33.
Die Disko im Stadtzentrum ist besonders bei Jugendlichen beliebt, am Wochenende liegt der Altersdurchschnitt oft unter 20 Jahren.

Im Februar findet das **Festival della Canzone Italiana,** das Schlagerfestival statt, ebenso wie das Blumenfest **Corso fiorito** (s. S. 14).

Häufige **Bahnverbindungen** in Richtung Genua und Ventimiglia, Direktverbindungen auch nach Deutschland und in die Schweiz. Vom **Busbahnhof** Piazza Colombo alle 15 Min. Busse nach Bordighera/Ventimiglia, alle 30 Min. nach Imperia.

Santa Margherita Ligure

Lage: H 3
Extra-Tour 4: s. S. 90
Einwohner: 10 700

Mehr als 1000 Gästebetten stehen in den Fünf- und Vier-Sterne-Hotels von Santa Margherita Ligure, gerade 115 in Ein-Stern-Hotels. Ein Treffpunkt der gutbetuchten Mittel- und Oberschicht und der Prominenz – von Greta Garbo über Yves Montand bis zu Fürst Rainier von Monaco. Anders als das nahegelegenen Portofino (s. S. 63) wird Santa Margherita aber nicht vom Reichtum erstickt – dazu ist die Kleinstadt viel zu lebendig.

Villa Durazzo: Piazza San Giacomo 3, April–Sept. Di–So 9.30–17.30, Okt.–März Di–So 9.30–16 Uhr.
Die schöne Parkanlage aus dem 16. Jh. liegt aussichtsreich über dem Tigullio-Golf.
Parco del Flauto Magico: im Park Villa Carmagnola, Viale Rainusso 10, Sommer tgl. 9–20, Winter tgl. 9–17 Uhr.
Der künstlerisch gestaltete Kinderspielplatz mit Motiven aus Mozarts »Zauberflöte« wurde 1998 von dem Bühnenbildner Emanuele Luzzatti entworfen.

Kiesstrand. Guter Sandstrand in **San Michele di Pagana** (2 km Richtung Rapallo).

Tauchen: Exkursionen und Kurse organisiert D&WS, Via Jacopo Ruffini 2/A, Tel. 01 85 28 25 78 Fax 01 85 29 24 82, www.dws-scubaservice.com
Segeln: Lega Navale Italiana, Calata Porto 21, Tel. 01 85 28 47 97, www.tigullio.net/leganawsml

Via XXV Aprile 2/B, Tel. 01 85 28 74 85, Fax 01 85 28 30 34.

Annabella: Via Costasecca 10, Tel. 01 85 28 65 31, günstig–moderat.
Im Zentrum, relativ preisgünstige Doppelzimmer ohne eigenes Bad.
Conte Verde: Via Zara 1, Tel. 01 85 28 71 39, Fax 01 85 28 42 11, günstig–moderat.
Freundliches, gut geführtes Drei-Sterne-Hotel in zentraler Lage.

Stille Gasse in S. Margherita

Erst auf ein Gläschen in die Bar ...

Einige Zimmer ohne eigenes Bad sind besonders preiswert.
Villa Anita: Via Tigullio 10, Tel. 01 85 28 65 43, Fax 01 85 28 30 05, www.topwork.net/turismo, moderat.
Familiäres kleines Hotel am Stadtrand, besonders hübsch ist der Garten mit Zitronenbäumen und Bougainvilleen.
Mediterraneo: Via della Vittoria 18/A, Tel. 01 85 28 68 81, Fax 01 85 28 68 82, moderat–teuer.
Klassisches, etwas angestaubtes bürgerliches Rivierahotel in kleinem Palmengarten bei der Villa Durazzo. Am schönsten sind die großen Zimmer mit Terrasse ganz oben. Die anderen Zimmer sind z.T. sehr klein, vorher anschauen!
Grand Hotel Miramare: Via Milite Ignoto 30, Tel. 01 85 28 70 13, Fax 01 85 28 46 51, www.grandhotelmiramare.it, Luxus.
Eines der traditionsreichsten italienischen Hotels, seit der Gründung 1904 wohnten hier u. a. Liz Taylor, Humphrey Bogart und der Kaiser von Äthiopien.

Baicin: Via Algeria 9, Tel. 01 85 28 67 63, Mo geschl., moderat.
Familiäre Trattoria, die Stimmung ist gut, die Qualität des Essens schwankt allerdings.
Il Nostromo: Via dell'Arco 6, Tel. 01 85 26 30 14, nur mittags geöffnet, Mo geschl., moderat.
In dem Lokal in einer Seitengasse der Uferpromenade gibt es immer frische Fischgerichte.

Wochenmarkt: Fr vormittag, Corso Matteotti.
Seghezzo: Via Cavour 1.
Das traditionsreiche Lebensmittelgeschäft bietet eine gute Weinauswahl und ein überwältigendes internationales Angebot an Lebensmitteln.
Gelateria Vittoria: Via Gramsci 43. Eine der besten Eisdielen der Riviera!

Covo di Nord-Est: Via Rossetti 1, Tel. 01 85 28 65 58.
Die renommierteste Disko zwischen Genua und La Spezia, mit drei Tanzsälen, Restaurant und Piano Bar.
Carillon: Paraggi (4 km Richtung Portofino), Tel. 01 85 28 67 21.
Exklusive Disko direkt am Strand.

Ortsfest der hl.Margherita am 20. Juli.

Häufige **Bahnverbindungen** in Richtung Genua und La Spezia, Direktverbindungen auch nach Deutschland und in die Schweiz. **Busse** alle 25 Min. nach Portofino, alle 15–25 Min. nach

Rapallo, alle 50 Min. nach Camogli. Schiffe nach Portofino, San Fruttuoso und Rapallo.

Savona

Lage: E 3
Einwohner: 63 400

In der Ferienidylle der Riviera wirkt Savona wie eine Erinnerung an den Arbeitsalltag. In der Hafen- und Industriestadt stehen nur wenige alte Bauten zwischen den Gebäuden der Nachkriegszeit. Unter ästhetischen Gesichtspunkten hat Savona keine besonderen Reize, dafür kann man hier italienisches ›Normalleben‹ beobachten.

Priamar: Piazza Priamar. Die Festung am alten Hafen wurde 1542 von den Genuesen errichtet. Heute ist hier eine Jugendherberge untergebracht.

Oratorio del Cristo Risorto: Via Paleocapa / Ecke Via Pia, tgl. 16–18.30 Uhr.
Der Innenraum der 1604 errichteten Kirche ist mit einer schönen Rokoko-Stuckdekoration verziert.

Via B. Guidobono 125 r, Tel. 01 98 40 23 21, Fax 01 98 40 36 72.

Savona: Piazza del Popolo 53r, Tel./Fax 019 82 18 20, günstig.
Ordentliches Zwei-Sterne-Hotel im Zentrum.
Riviera Suisse: Via Paleocapa 24, Tel. 01 98 50 853, Fax 01 98 53 435, www.rivierasuissehotel.it, günstig–moderat.
In zentraler Lage, bei geöffneten Doppelfenstern wird es laut!
Jugendherbergen:
Priamar: Corso Mazzini, Tel./Fax 019 81 26 53, ganzjährig geöffnet.
Schöne Unterkunft in der historischen Festung am Hafen.

... dann ein Blick in die Zeitung

Ein Bummel durch die Altstadt von Sestri Levante, dann eine Ruhepause neben dem romantischen Brunnen – was will man mehr?

Villa dei Franceschini: Via alla Strà 29, Tel. 019 26 32 22, März–Sept.
Großer Neubau am Waldrand in 4 km Entfernung vom Zentrum, behindertengerecht.

Vino e Farinata: Via Pia 15, kein Tel., So/Mo geschl., günstig.
Vor dem volkstümlichen Lokal bilden sich abends oft Schlangen von Wartenden, die regionalen Gerichte werden hier in bester Tradition gekocht.
Osteria Bacco: Via Quarda Superiore 17, Tel. 01 98 33 53 50, So geschl., günstig.
Originell eingerichtetes kleines Lokal mit guter Fischküche.

Lebensmittelmarkt Mo–Sa in der Via Giuria. **Antiquitätenmarkt** am 1. Wochenende des Monats auf der Piazza Chabrol.

Ju-Bamboo: Via Famagosta 2, Tel. 019 80 06 24, Do–Sa 22.30–4 Uhr. In dem Lokal finden häufig Live-Konzerte statt.

Berühmt ist die prunkvolle **Karfreitagsprozession.**

Häufige **Bahnverbindungen** Richtung Genua und

Ventimiglia. Der Bahnhof liegt etwa 2 km außerhalb, Busverbindung (Stadtbusse der Linien 2 und 5). Busse ab Piazza del Popolo stündlich nach Finale Ligure/Alassio/Andora, alle 20 Min. (So, Fei alle 40 Min.) nach Albisola/Varazze.

Sestri Levante

Lage: J 4
Einwohner: 19 700

Die lebendige, hübsche Kleinstadt liegt auf einer Halbinsel am südlichen Ende des Tigullio-Golfs. Im Hochsommer herrscht hier intensiver Badebetrieb, denn mitten im Ort finden sich schöne Sandstrände, vor allem in der malerischen »Bucht der Stille« *(Baia del Silenzio,* s. Abb. S. 2).

Gute Strände gibt es auf beiden Seiten der Halbinsel von Sestri Levante: Im Norden die breite **Baia delle Favole** (Märchenbucht), im Süden die besonders hübsche **Baia del Silenzio** direkt vor den farbigen Häusern der Altstadt.

Segel-, Surf- und Kanukurse – auch für Kinder – veranstaltet **Tigullio Sail,** Lungomare Descalzo, Tel. 01 85 48 00 00, tigulsail@libero.it

Ein ruhiger Badeort mit angenehmem Strand in einer kleinen Bucht ist das benachbarte **Moneglia,** wo es auch eine Reihe guter Unterkünfte gibt.

Piazza S.Antonio 10, Tel. 01 85 45 70 11, Fax 01 85 45 95 75.

San Pietro: Via Palestro 13, Tel. 018 54 12 79, günstig. Ordentliches Ein-Stern-Hotel in Meernähe in der Altstadt.
Marina: Via Fasce 100, Tel. 01 85 48 73 32, Fax 018 54 15 27, www.marinahotel.it, günstig. Sympathisch familiäres Haus mit blumengeschmücktem Innenhof.
Helvetia: Via Cappuccini 43, Tel. 018 54 11 75, Fax 01 85 45 72 16, www.hotelhelvetia.it, teuer. Gepflegte Unterkunft in einem historischen Palazzo direkt an der »Bucht der Stille«, von der Dachterrasse genießt man eine herrliche Aussicht, hübscher Garten.
Villa Balbi: Viale Rimembranza 1, Tel. 018 54 29 41,

Fax 01 85 48 24 59, www.villabalbi.it, teuer–Luxus. Komfortable Unterkunft in einer Villa des 17. Jh., viele Zimmer sind mit Antiquitäten möbliert. Großer Garten mit Pool.

...in der Umgebung:
Villa Edera: Via Venino 12, Tel. 018 54 92 91, Fax 018 54 94 70, www.villaedera.com, moderat. Gepflegtes Drei-Sterne-Hotel mit Pool.

Camping
Tigullio: Via Sara 111, Tel./Fax 01 85 45 72 57. Guter schattiger Platz, 3 km vom Ort entfernt in Richtung Casarza Ligure.

Previna: Piazza della Repubblica 23, Tel. 018 54 26 49, Mi geschl., günstig. Freundliche Trattoria und Pizzeria mit solider Küche.
Polpo Mario: Via XXV Aprile 163, Tel. 01 85 48 02 03, Mo geschl., moderat. Populäres Fischlokal mit viel touristischem Betrieb, die Qualität schwankt zwischen mäßig und sehr gut.
La Mandrella: Viale Dante 37, Tel. 018 54 27 16, Di geschl., moderat. Feine Küche mit gehobenem Anspruch, es gibt ausgefallene Gerichte wie Rigatoni mit Artischocken oder Seebarsch im Sesammantel. Ausgezeichnet ist auch der Schokoladenteller. Sehr freundlicher Service.

... in der Umgebung:
Carla: San Bernardo, (3 km nordwestlich), Tel. 018 54 28 19, Mo und im Okt. geschl., günstig. Angenehmes Dorfgasthaus mit vorzüglicher Hausmacherküche, empfehlenswert sind z. B. die Nudeln mit Pesto, das Kaninchen mit Oliven und das Tiramisù!

Rossignotti: Via XXV Aprile 1. Schönes altmodisches Süßwarengeschäft, die Einrichtung stammt noch vom Beginn des 20. Jh. **Pastificio Moderno:** Via XXV Aprile 58. Ausgezeichnetes Angebot an hausgemachten Teigwaren. **Caffé-Gelateria Centrale:** Corso Colombo 41, vorzügliches Eis. **Wochenmarkt** Sa vormittag.

Circolo Virgola: Via Santa Vittoria 4, Tel. 01 85 48 02 53, Di, Sa, im Sommer auch Do. Hier treffen sich die reiferen Jahrgänge zum Tanz.
Piscina dei Castelli: Piazzale del Porto, Tel. 01 85 48 00 01. Beliebte Disko am Hafen mit vier Tanzflächen und wechselndem Musikprogramm.

Häufige **Bahnverbindungen** in Richtung Genua und La Spezia, Direktverbindungen auch nach Deutschland und in die Schweiz. Busse nach Chiavari alle 15–25 Min. Juni–Sept. **Schiffe** nach Santa Margherita Ligure, Portofino und San Fruttuoso.

Ventimiglia

Lage: A 6
Extra-Touren 1/2: s. S. 84, 86
Einwohner: 26 700

Die Grenzstadt an der Mündung des Roya-Flusses besteht aus zwei deutlich unterschiedenen Teilen. An der Westseite erhebt sich auf einem Hügel die verwinkelte Altstadt mit interessanten historischen Gebäuden. Östlich des Flusses erstreckt sich das moderne Stadtzentrum. Hier pulsiert das städtische Leben, vor allem freitags, wenn in Ventimiglia der größte Wochenmarkt Italiens stattfindet.

Kathedrale Santa Maria Assunta: Piazza della Cattedrale. Der mittelalterliche Bau entstand zwischen dem 11. und 13. Jh. Besonders schön ist der in rein romanischem Stil erhaltene Innenraum. Noch älter ist die Krypta. Sie stammt von einem Vorgängerbau aus karolingischer Zeit.
Baptisterium: Die romanische Taufkirche aus dem 11. Jh. erhebt sich neben der Kathedrale.
San Michele: Piazza San Michele, nur So 10.30–12 Uhr geöffnet. Die um 1100 erbaute ehemalige Familienkapelle der mächtigen Grafen von Ventimiglia steht am Rand der Altstadt über dem Roya-Tal.
Römisches Theater: Corso Genova. An der Straße in Richtung Bordighera (etwa 1,5 km vom Zentrum entfernt) finden sich die Ruinen des Römertheaters, das im 2. Jh. errichtet wurde und rund 5000 Zuschauer fasste.
Hanbury-Gärten: Viale Hanbury, Ortsteil Mórtola, Nov.–März Do–Di 10–16, 1. April–14. Juni und Okt. tgl. 10–17, 15. Juni–30. Sept. tgl. 9–18 Uhr, Anfahrt mit Linienbus ab Haltestelle »Liceo Rossi«, Corso Cavour 39, beim Bahnhof, stündlich bis 14.15 Uhr, letzter Bus zurück 18.40 Uhr, Fahrzeit 15 Min., s. Extra-Tour 1, S. 84. In einer geschützten, klimatisch besonders begünstigten Lage ließ hier der englische Kaufmann Thomas Hanbury seit 1867 den wohl schönsten botanischen Garten Italiens anlegen – eine Wunderwelt exotischer Pflanzen und Düfte. Neben Kakteen, Eukalyptusbäumen, Zitrusgewächsen, Agaven und allen Arten von Palmen gedeiht hier unter anderem die nördlichst gelegene Papyruspflanzung der Erde. Insgesamt finden sich in den Hanbury-Gärten rund 4000 Pflanzenarten.

Museo Archeologico G. Rossi: Via Verdi 15, Di–Sa 9.30–12.30, 15–17, So, Fei 10–12.30 Uhr.
Funde aus der Römerstadt *Albintimilium,* die sich einst an der Stelle der heutigen Ventimiglia erhob.

Breite Kiesstrände, an der Roya-Mündung gelegentlich verschmutzt.

Landschaftlich besonders reizvoll ist das **Roya-Tal,** das sich von Ventimiglia nach Norden erstreckt. Zu Ligurien gehören die Orte **Airole** und **Fanghetto,** anschließend gelangt man auf französisches Gebiet. Das Tal bietet ausgezeichnete Wandermöglichkeiten auf dem markierten *»Sentier valléen«;* es ist durch die Bahnlinie Ventimiglia–Cuneo auch ohne Pkw gut zugänglich.

Via Cavour 61,
Tel./Fax 01 84 35 11 83.

Al Mare:
Vico Pescatori 8,
Tel./Fax 01 84 23 20 55,
günstig.
Gute Lage in einem ruhigen Sträßchen in Meernähe. Die Zimmer sind klein, aber ordentlich. Ungewöhnlich milde Preise trösten über den manchmal rauhen Umgangston des Chefs hinweg.
Calypso: Via Matteotti 8,
Tel./Fax 01 84 35 15 88,
günstig–moderat.
Korrektes Zwei-Sterne-Hotel im Stadtzentrum. Die Zimmer ohne

eigenes Bad sind recht preisgünstig.

Posta: Via Sottoconvento 15, Tel. 01 84 35 12 18, Fax 01 84 23 16 00, www.masterweb.it/hotelposta, moderat.
Gepflegtes Drei-Sterne-Hotel in zentraler Lage, besonders angenehm sind die ruhigen und geräumigen renovierten Zimmer im hinteren Teil des Hauses.

La Riserva di Castel d'Appio: Via Peidago 79, Tel. 01 84 22 95 33, Fax 01 84 22 97 12, www.lariserva.it, teuer.
Herrliche Lage oberhalb der Altstadt, Garten mit Pool, mühselig ist nur die Anfahrt auf einem steilen Holpersträßchen.

Camping

Por la Mar: Corso Nizza 107, Ortsteil Latte, Tel. 01 84 22 96 26, Fax 01 84 22 60 60.
Einige Kilometer außerhalb des Zentrums in westlicher Richtung, schöner schattiger Platz oberhalb der Küste.

XX Settembre: Via Roma 16, Tel. 01 84 35 12 22, günstig.
Solide Trattoria an der Markthalle, der hallenartige Saal strömt spröden Charme aus, es gibt Spezialitäten wie die gefüllten Teigwaren mit Nusssauce *(panserotti alle noci)* und Spaghetti mit Meeresfrüchten *(spaghetti allo scoglio)*.

Pasta & Basta: Passeggiata Marconi 20/a, Tel. 01 84 23 08 78,

Mo geschl., Di–Do nur abends geöffnet, günstig.
Hier gibt es hauptsächlich Nudelgerichte, diese aber in unendlich vielen Variationen, daneben auch Salate und Desserts.
Ustaria d'a Porta Marina: Via Colombo 9/A, Tel. 01 84 35 16 50, Di abends und Mi geschl., moderat.
Elegantes Lokal mit feiner Küche, guten Fischgerichten und einer umfassenden Weinkarte.

Blumen- und Lebensmittelmarkt tgl. außer So, Fei in der Markthalle am Corso della Repubblica. Der **Wochenmarkt** am Fr ganztags in den Straßen der Neustadt ist der größte Markt Italiens. Er lockt besonders viele französische Kunden an – die Grenze ist nur wenige Kilometer entfernt.

Ventimiglia hat kaum ein Nachtleben. Die nächsten Diskotheken stehen in Bordighera, die Einheimischen fahren eher nach Nizza und Montecarlo. Der beste Treffpunkt für Nachtschwärmer ist das originelle Lokal **Bananarama** an der Uferpromenade (Passeggiata Cavallotti 23, Tel. 01 84 35 17 73, 19–4 Uhr, Di geschl.). Es gibt Musik und kleine Gerichte.

Ortsfest des hl. Secondo am 26. August. **Agosto Medievale** in der ersten Augusthälfte, s. S. 15.

Häufige **Bahnverbindungen** in Richtung Genua. **Busse** nach Bordighera–San Remo alle 15 Min. ab Via Cavour (Roya-Brücke).

Vernazza

Lage: K 4
Extra-Tour 5: s. S. 92
Einwohner: 900

Der malerischste und meistfotografierte Ort der Cinque Terre ziert die Titelseiten zahlreicher Ligurien-Bücher. Die perfekte Idylle des autofreien Dorfs wird allerdings durch den enormen Besucherandrang gestört – in der schmalen Hauptgasse drängen sich in der Saison Massen von Ausflüglern.

Santa Margherita: Die 1318 erbaute gotische Pfarrkirche steht direkt an der pittoresken Hafenpiazza.

In Vernazza gibt es nur kleine Felsbadeplätze, im benachbarten **Corniglia** einen Kiesstrand (unterhalb des Bahnhofs). Besser badet man in **Monterosso** (s. S. 60).

Die gesamte Region der Cinque Terre bietet optimale Möglichkeiten zum **Wandern** (s. Extra-Tour 5, S. 92). Die Pfade von Vernazza nach Monterosso und Corniglia sind vermutlich die meistbegangenen Wanderwege Italiens – in der Saison sollte man möglichst am frühen Morgen oder nach 18 Uhr aufbrechen, tagsüber wird es auf den Wegen oft eng!

Der Nachbarort **Corniglia** (erreichbar in 5 Min. mit dem Zug oder 1 St. 30 Min. zu Fuß) liegt als einziges Cinque-Terre-Dorf nicht direkt am Meer, sondern auf einem 80 m hohen Felssporn. Vom Platz am südwestlichen Ende des Ortskerns (den Ort auf der Hauptgasse durchqueren) genießt man eine herrliche Aussicht.

Am preisgünstigsten (ab 25 € pro Person) sind **Privatunterkünfte.** Auskünfte erhält man in Bars und Restaurants. In Vernazza ist allerdings die Nachfrage besonders groß, leichter kommt man in den anderen Cinque-Terre-Dörfern unter.
Sorriso: Via Gavino 4,
Tel. 01 87 81 22 24,
Fax 01 87 82 11 98, günstig.

Vernazza weiß, was es seinem Ruf als fotogenster Ort der Region schuldig ist: Selbst die Wäsche trägt zu diesem Bild bei.

Einfaches Hotel am Ortsrand, störend ist leider der Lärm von der nahegelegenen Bahnlinie.

Barbara: Piazza Marconi 30, Tel./Fax 01 87 81 23 98, günstig. Angenehme Unterkunft an der Hafenpiazza.

Gambero Rosso: Piazza Marconi 7, Tel. 01 87 81 22 65, außerhalb der Saison Mo geschl., moderat bis teuer. Schöne Lage am Hafen und die beste Küche in Vernazza, vorzüglich z. B. das Zitronenrisotto, die Fischravioli oder die Tintenfische mit Steinpilzen *(moscardini e porcini).*

...in Corniglia:

Cantina de Mananàn: Via Fieschi 117, Tel. 01 87 82 11 66, Di geschl., mittags nur unregelmäßig geöffnet, moderat. Gute ligurische Küche in einem kleinen Kellerlokal, Reservierung unbedingt empfohlen.

Ortsfest der hl. Margarethe am 20.Juli

Häufige **Bahnverbindungen** in Richtung Genua und La Spezia. Im Sommerhalbjahr **Schiffe** nach Monterosso, Riomaggiore und Portovenere.

EXTRA-

Fünf Streifzüge entlang der Italienischen Riviera

1. Auf den Spuren des Nobeltourismus
2. Bergdörfer im Hinterland

Ottone
1650 m
Ferriere
1053 m
Lago Bino
Carrega Lígure
Alpe
Gorreto
Cattaragna
Gámbaro
Orézzoli
Monte Ántola
1597 m
Fáscia
Propata
Pietranera
Monte Oramara
1522 m
Boschi
Monte Rágola
1710 m
Selva
Córnolo
Ísola
Cassingheno
Loco
Casanova
Alpepiana
S. Stéfano d'Áveto
Lago del Brugneto
Canale
Fontanigorda
Monte Maggiorasca
1799 m
Torríglia
Casoni
Rezzoáglio
Passo del Tomarlo
1494 m
Casalporino
Ponteceno
Montebruno
Cerisola
Amborzasco
Passo del Romezzano
1399 m
Montaldo
Costa-fontana
Monte Posasso
1236 m
Lago di Lame
Spora
Bed
1134 m
Barbagelata
Cabanne
Monte Aiona
1692 m
Monte Penna
1735 m
Passo della Scoffera
674 m
Roccatagliata
Parazzuolo
Lago di Giacopiane
Lezzaruole
Neirone
Favale di Málvaro
Prato
Alpe
Ferriere
Sopralacroce
Pontestr
Caprile
470 m
Gattorna
Monte Ramaceto
1345 m
Brizzolara
Passo del Bocco
956 m
S. Maria del Taro
Pelosa
Monte Z
1423
Ferrada
Úscio
Cichero
Borzonasca
F. Taro
Cicagna
Monleone
Pianezza
Montemóggio
Cassego
Avegno
S. Maurízio di Monti
V. Fontanabuona
Borgonovo Lígure
V. Cicana
S. Siro Foce
Monte Zatta
1404 m
Comunéglia
Recco
Rapallo
Certénoli
Mezzánego
Réppia
Varese Lígure
Recco
Sant. N. S. di Montallegro
Terrarossa
Arzeno
F. Vara
Rapallo
Bocco
Gravéglia
Ossegna
Monte di Portofino
610 m
Zoagli
Carasco
Conscenti
San Fruttuoso
S. Margherita Lígure
Chiávari
Panesi
Frisolino
S. Pietro Vara
Cogorno
Basilica dei Fieschi
Lavagna
970 m
Maissana
Chiávari
Portofino
Lavagna
A 12
Libiola
Bargone
Tavarone
1094 m
Monte Alpe
Torza
Cavi
Sestri Lev.
Casarza Lígure
Santuario Ma della Guárdia
Golfo del Tigullio
Sestri Levante
Bargonasco
Velva
M. Castello
265 m
E 80
Castiglione Chiavarese
Colle di Velva
545 m
Passo del
615 m
Riviera
Monéglia
Déiva Marina
Piazza
Déiva Marina
Framura
Castagnola

Touren

Extra Tour 1

Auf den Spuren des Nobeltourismus

Um 1850 kam die ligurische Riviera bei den Reichen und Superreichen Europas in Mode. Vor allem britische, aber auch deutsche und russische Aristokraten entflohen im Winter dem grauen Himmel ihrer Heimat und ließen sich für einige Monate an der sonnigen Mittelmeerküste nieder. In manchen Riviera-Orten logierten gegen Ende des 19. Jh. mehrere Tausend wohlhabende Ausländer! Sie hatten ihre eigenen Kirchen und Clubs, Teesalons und Bibliotheken, vor allem aber schufen sie prunkvolle Villen und Gärten. Besonders im äußersten Westen der Region – zwischen San Remo und Ventimiglia – sind die Spuren des Nobeltourismus noch heute deutlich sichtbar.

San Remo ist besonders reich an Bauten dieser Epoche. Am westlichen Ortsrand befindet sich das älteste Hotel der Stadt, das 1860 erbaute **Londra** (Corso Matuzia 2). Einige Jahrzehnte jünger ist das nahegelegene Hotel **Royal** (Corso Imperatrice 80). Wenige Schritte entfernt beherbergt ein weiterer Prachtbau der Jahrhundertwende, der **Riviera Palace** (Largo Nuvoloni 1), heute die Touristeninformation. Gegenüber erhebt sich die russisch-orthodoxe Kirche **San Basilio** (s. S. 67). 200 m stadteinwärts steht am Corso Matteotti das 1904–06 nach Plänen von Eugène Ferret errichtete **Casino,** der größte derartige Bau in Europa.

Von hier steigt der **Corso degli Inglesi** an, die »Straße der Engländer« mit besonders vielen Bauten der Zeit zwischen 1880 und 1910, z. B. der **Villa Fiorentina** (Nr. 450), der **Villa Virginia** (Nr. 452) und dem **Castello Devachan** (Nr. 468).

Am entgegengesetzten Stadtrand häufen sich die Jahrhundertwende-Villen am Corso Cavallotti: die **Villa Zirio** (Nr. 51, s. S. 67), das frühere Luxushotel **Bellevue** (Nr. 59, heute Rathaus), die **Villa Ormond** mit einer schönen Gartenanlage (ohne Hausnr.) und die **Villa Nobel** (Nr. 116, s. S. 67).

1855 erschien in London der Roman »Doctor Antonio« von Giovanni Ruffini. Er schildert die rührselige Liebesgeschichte zwischen dem Dorfarzt von **Bordighera** und einer englischen Lady. »Der Erfolg war so groß«, schreibt

Hier kann man sein Glück auf die Probe stellen: das Spielcasino von San Remo

der italienische Journalist Claudio Paglieri, »dass binnen weniger Jahre dreitausend englische Damen nach Bordighera übersiedelten. Der Arzt starb an Herzinfarkt.« Den Wahrheitsgehalt dieser Behauptung kann man bezweifeln, aber tatsächlich machte »Doctor Antonio« Bordighera bei britischen Reisenden unglaublich populär. Um 1900 lebten hier mehr Ausländer als Einheimische! Noch heute führen die Jahrhundertwende-Bauten und Gärten des Ortes diese Epoche anschaulich vor Augen. Mehrere Hotels sind in Villen der Belle Epoque untergebracht, z. B. das **Bordighera & Terminus** (Corso Italia 21), das **Britannique & Jolie** (Via Regina Margherita 35) und die **Villa Elisa** (Via Romana 70). Charles Garnier, der Architekt der Pariser Oper, errichtete in Bordighera drei Gebäude: das **Rathaus** (Piazza de Amicis), die **Terrasanta-Kirche** (Via Vittorio Emanuele) und die **Villa Bischoffsheim** (Via Romana 38). Das **Museo Bicknell** (s. S. 34) und die **Städtische Bibliothek** (Via Bicknell 52) gehen auf die Initiative eines wohlhabenden Ausländers, des Engländers Clarence Bicknell, zurück.

Der Höhepunkt unter den Spuren des britischen Nobeltourismus ist die Gartenanlage **Villa Hanbury** bei **Ventimiglia** (s. S. 77), die vom deutschen Landschaftsgärtner Ludwig Winter gestaltet wurde. Nach der Fertigstellung der Villa richtete sich die Energie des damals 27-jährigen Gärtners auf neue Ziele. 1873 begann er, in Bordighera Rosen zu züchten. Er war geschäftlich erfolgreich und fand bald zahlreiche Nachahmer, auch unter den einheimischen Bauern. So begann der kommerzielle Anbau von Schnittblumen im westlichen Ligurien. Bald wurde die Gegend als »Riviera dei Fiori« bekannt.

Trotz aller Bauten und Gärten – die folgenreichste Hinterlassenschaft der Engländer ist ganz anderer Art: 1893 gründeten sie den AC Genua, den ersten Fußballverein des Landes. Italien ohne Fußball – das ist heute kaum mehr vorstellbar. Aber wer ahnt schon, dass der italienische Nationalsport auf britische Touristen in Ligurien zurückgeht?

EXTRA Tour 2

Bergdörfer im Hinterland

Zur belebten, oft hektischen Atmosphäre der Küste stehen die Bergdörfer des Hinterlandes in einem starken Gegensatz. Seit langer Zeit sind die Menschen von hier fortgezogen, viele Orte haben sich stark entvölkert. In den letzten zwanzig bis dreißig Jahren gab es eine Gegenbewegung: Viele auswärtige Käufer erwarben alte Häuser in diesen schönen und ruhigen Dörfern für die Ferien oder als Dauerwohnsitz. In manchen Orten sind heute ein Drittel der Einwohner Ausländer! Die Neusiedler tragen dazu bei, dass die Bausubstanz erhalten bleibt und oft vorzüglich restauriert wird. Daher stehen die Einheimischen dem Zuzug von Deutschen und Schweizern, Niederländern, Belgiern und Skandinaviern meist positiv gegenüber. Neue Dorfgemeinschaften entstehen, in denen der alteingesessene Winzer und die belgische Computerfachfrau, die einheimische Lehrerin und der Journalist aus Mailand miteinander in Kontakt treten. Die ›idyllischen‹ Orte des Hinterlandes scheinen – äußerlich gesehen – vergangenen Jahrhunderten anzugehören, aber in ihrem bunten Einwohnermix sind sie ganz modern.

In **Dolceacqua** spürt man den Zuzug der Fremden sehr deutlich. In den Gassen des alten Ortskerns stehen zahlreiche Galerien. Die einheimische Tradition, Gegenstände aus Olivenholz zu produzieren, wird auch von auswärtigen Kunsthandwerkern fortgeführt. Das Wahrzeichen des Ortes ist die weit geschwungene mittelalterliche **Nervia-Brücke,** die schon Claude Monet als »ein Juwel an Leichtigkeit« bewunderte. Darüber erheben sich die imposanten Ruinen einer mittelalterlichen Burg.

Auch in dem malerisch am Hang gelegenen **Apricale** springt der Einfluss der Fremden ins Auge. Hier wohnen seit den 1960er Jahren besonders viele Künstler. Häufig finden Ausstellungen statt. Viele Hauswände an der zentralen Via Roma wurden mit modernen Wandbildern geschmückt. Das barocke Oratorio di San Bartolomeo und die spätmittelalterliche Pfarrkirche stehen zu diesen zeitgenössischen Kunstwerken in einem reizvollen Kontrast.

Romantische Ecken findet man in den Bergdörfern hinter der Küste

Pigna mit seinen dunklen, fast höhlenartigen Gassen macht auf den ersten Blick einen düsteren Eindruck. Viele Häuser stehen leer. Doch seit der Eröffnung eines Thermalbades im Jahr 2000 belebt sich das Dorf wieder. Besonders sehenswert sind die farbenfrohen Renaissance-Fresken von Jean Canavesio in der Cappella San Bernardo und die große Altartafel desselben Künstlers in der Kirche San Michele.

Über den 1127 m hohen Langan-Pass erreicht man von hier auf einer schönen Bergfahrt **Triora.** Der hübsche Ort liegt großartig auf 800 m Höhe am oberen Rand des tief eingeschnittenen Argentina-Tals. Er ist Ausgangspunkt für Wanderungen zum höchsten Berg Liguriens, dem Monte Saccarello (2200 m). Nur noch rund zweihundert Bewohner leben ständig im historischen Zentrum, doch von der einstigen Bedeutung Trioras zeugen zehn Kirchen, fünf Burgruinen und drei (von früher sieben) Stadttoren. Besonders sehenswert sind die Kirchen Santa Maria Assunta und San Bernardino sowie der verwinkelte alte Ortsteil Sambughea, Im Museo Etnografico (Mo–Sa 14.30–18, So 10.30–12 und 14.30–18 Uhr) findet man interessante Dokumente eines Prozesses, der 1588 von der Inquisition gegen die angeblichen »Hexen« von Triora durchgeführt wurde.

Auf einer landschaftlich schönen Strecke gelangt man im Argentina-Tal über **Montalto** und **Badalucco** – zwei weitere reizvolle Dörfer – nach **Taggia,** einer der kunsthistorisch interessantesten Ortschaften Liguriens. Im Zentrum finden sich zahlreiche mittelalterliche Häuser und barocke Palazzi. Am Ortsrand erhebt sich der **Pontelungo,** eine imposante, 1450 errichtete Brücke von 260 m Länge. Das Kloster **San Domenico** am südlichen Ortsrand (9–12 und 15.30–17 Uhr, So geschlossen) war von 1500 bis 1800 das bedeutendste kulturelle Zentrum des westlichen Ligurien. In der gotischen Klosterkirche hängen Gemälde des bedeutenden Renaissance-Künstlers Louis Bréa aus Nizza. Auch in den Klosterräumen beim blumengeschmückten Kreuzgang sind schöne Renaissance-Bilder von Bréa und Jean Canavesio zu sehen.

EXTRA Tour 3

Wo das Olivenöl gedeiht – Täler bei Imperia

Überall in Ligurien gedeihen Ölbaumkulturen, doch eine Gegend wird besonders stark davon geprägt: die sanft ansteigenden Täler im Hinterland von Imperia. In dieser Region stehen rund eine Million Ölbäume, und in vielen Dörfern betreiben einer oder mehrere Bauern eigene Ölmühlen. Die klimatischen Bedingungen sind hier besonders günstig. Ölbäume wachsen am besten in sonnigen Lagen; extreme Trockenheit, Nebel und Frost tun ihnen nicht gut. Davor sind sie in diesen Tälern geschützt, denn die Berge im Norden halten kalte Winde ab und das nahe Meer sorgt für ausgeglichene Temperaturen.

Ein Besuch im **Olivenmuseum** in **Imperia** (s. S. 53) ist die geeignete Vorbereitung für eine Fahrt durch das Anbaugebiet. In der ungewöhnlichen Sammlung kann man sich umfassend über Grundlagen, Geschichte und Techniken der Ölherstellung informieren. Man sieht z. B. antike Ölbehälter, Werkzeuge, Rekonstruktionen alter Ölmühlen, Öllampen aus aller Welt, Schautafeln zur Botanik und zur Ölproduktion. Dia-Shows und Filme ergänzen die Ausstellung.

Das ligurische Olivenöl unterscheidet sich von den bekannteren Ölen aus der Toscana und Umbrien durch sein feineres, weniger intensives Aroma. Es wird aus den so genannten Taggiasca-Oliven hergestellt. Sie tragen ihren Namen nach dem Ort Taggia (s. S. 87).

Die Olivenernte findet meist zwischen November und Januar statt.. Nach der Ernte werden die Früchte zunächst zermahlen und anschließend ausgepresst. Das schonendste Verfahren ist die Kaltpressung. Beim ebenfalls üblichen Zentrifugieren dagegen gehen Geschmacks- und Nährstoffe verloren, denn die Ölmasse wird dabei erhitzt und mit warmem Wasser vermischt.

Wenige Kilometer von Imperia entfernt erreicht man **Dolcedo,** den Hauptort des gleichnamigen Tals. Unübersehbar ist die markante, 1292 errichtete Brücke **Ponte Grande,** ebenfalls sehenswert der mittelalterliche Bau der **Loggia del Comune.** Nicht ganz so alt, aber ein traditionsreicher Familienbetrieb ist die Firma Giuseppe

Ohne Olivenöl ist die italienische Küche nicht denkbar

Ghiglione (Via Ciancergo 23, Tel. 01 83 28 00 43). Hier erhält man zu günstigen Preisen gutes Olivenöl; gern zeigen die Besitzer die moderne, gegenwärtig benutzte Produktionsanlage wie auch die eindrucksvollen alten Steinpressen, die heute nicht mehr verwendet werden.

Einige Kilometer talaufwärts liegt in einem Seitental das Dorf **Valloria.** Es bietet ein überraschendes Bild. Seit 1994 hat sich die mittelalterliche Ortschaft zu einer Art Freilichtmuseum zeitgenössischer Kunst entwickelt. Rund 60 Haustüren des Ortes sind mit Gemälden geschmückt, die z. T. von bekannten ligurischen Künstlern geschaffen wurden.

Zwischen **Molini** und **Vasia** erstreckt sich eine besonders schöne Landschaft: Ölbaumhaine, wohin man blickt; dazwischen schimmert in der Ferne das Meer. Das kurvenreiche Sträßchen fordert allerdings Aufmerksamkeit! In Vasia heißt das Dorfrestaurant – wie könnte es anders sein? – »Trattoria dell'Olivo« (Via Case Martini 4, Tel. 01 83 28 21 79, Mo geschl., mittags nur unregelmäßig geöffnet). Öl, Wein und Gemüse stammen aus eigenem Anbau, und bei der Besitzerfamilie kann man das hauseigene Öl in Fünf-Liter-Kanistern erwerben – auch wenn das Lokal gerade geschlossen sein sollte. Eine weitere gute Adresse in Vasia mit Öl aus eigener Produktion ist Germana Mela (Via Prelà 4, Tel. 01 83 28 21 32).

Von Vasia führt ein Sträßchen durch das Prino-Tal zurück nach Imperia. Auf der winzigen Bergstraße Vasia–Lucinasco kann man den Ausflug aber noch verlängern. Durch eine völlig einsame Landschaft erreicht man **Lucinasco.** Hier erhält man besonders feines Olivenöl bei Dino Abbo (Salita Costa 16, Tel. 018 35 24 11). Signor Abbo kann es sich erlauben, höhere Preise anzusetzen als die Konkurrenz: Mit ausgewählten Früchten und einer besonders schonenden Verarbeitung hat er sich bei Feinschmeckern einen Namen gemacht. Das gilt auch für Laura Marvaldi in **Borgomaro** (Piazza della Chiesa 1, Tel. 018 35 40 31). In dem schön gelegenen Dorf gab es einst nicht weniger als sieben Ölmühlen. Der Familienbetrieb der Marvaldi führt diese Tradition noch fort.

Extra Tour 4

Naturschutzgebiet am Meer – am Monte Portofino

Filmstars von Ingrid Bergman bis Clark Gable, Superreiche von Onassis bis Berlusconi, gekrönte Häupter von Wilhelm II. bis Haile Selassie – sie alle waren in **Portofino** (s. S. 63), dem Lieblingsziel von Schickeria, Geburts- und Geldadel. Nicht zufällig steht hier eines der teuersten Luxushotels Italiens; nicht umsonst weisen die Bewohner das höchste Durchschnittseinkommen des Landes auf. Vermutlich gibt es neben Portofino kein zweites Dorf in Europa, in dem Gucci, Trussardi, Armani und andere Modedesigner jeweils mit eigenen Läden vertreten sind. Schon zu Beginn des 20. Jh. verkleideten sich die Einheimischen – bereits damals Dienstleister der wohlhabenden Gäste – als Fischer, um folkloristische Atmosphäre vorzutäuschen. Schon damals begann der Ausverkauf der hübschen Häuser an der Hafenpiazza und der Landhäuser in der Umgebung. Heute leben vorwiegend reiche Fremde in Portofino; die Quadratmeterpreise für die Wohnungen im pittoresken Ortszentrum zählen zu den höchsten Italiens.

Portofino bildet eine wunderbare Fischerdorf-Kulisse, doch ein eigenständiges Leben zeigt es längst nicht mehr. Der Andrang auswärtiger Millionäre hatte aber immerhin eine positive Folge: Der Ort und seine Umgebung wurden bereits vor siebzig Jahren unter Landschaftsschutz gestellt; seitdem entstanden dort kaum noch Neubauten. Die reichen Portofino-Freunde wollten sich ihre neue Heimat nicht von Ferienhäusern verschandeln lassen, und sie hatten genug politischen Einfluss, um bereits unter dem Faschismus die Ausweisung als Naturschutzgebiet zu erreichen.

»Monte Portofino« heißt das gesamte Vorgebirge zwischen Camogli und Santa Margherita Ligure. An seinem höchsten Punkt liegt es 610 m über dem Meer. Ein Netz von Wanderwegen durchzieht das Gebiet. Zu Fuß kann man es problemlos an einem Tag durchqueren. Dabei genießt man schöne Ausblicke auf die Küste. Eine dichte Buschwald-Vegetation bedeckt die Landschaft: Steineichen, Pinien, Erdbeerbäume,

Rund um Portofino erstreckt sich ein herrliches Landschaftsschutzgebiet

Ginster, Lorbeer, Mastixpistazien und Baumheide sind die häufigsten Pflanzen. Manche Flächen zeigen aber auch deutliche Spuren von Waldbränden – immer wieder legen Brandstifter im trockenen Hochsommer Feuer.

Bei Tauchern ist diese Küste äußerst beliebt, denn die Unterwasserflora und -fauna am Monte Portofino sind besonders reizvoll. Immer wieder werden in relativ geringer Entfernung vom Ufer auch Delfine und Wale gesichtet. Übrigens: Der Name Portofino bedeutet nicht, wie man vermuten könnten, »feiner Hafen«, sondern leitet sich vom lateinischen *Portus Delphini* (Delphinhafen) her.

Die schönste Art, das Gebiet zu erkunden, ist die Kombination von Schifffahrten und Wanderungen. Ein solcher Ausflug beginnt am besten in **Camogli** (s. S. 35). In dem hübschen Hafenstädtchen lässt sich genüsslich bummeln. Eine gut halbstündige Fahrt mit dem Linienboot führt zur Abtei **San Fruttuoso** in einer einsamen Bucht des Vorgebirges (s. S. 36). Die kleine Ortschaft um das Kloster ist nur mit dem Schiff oder auf langen Fußwanderungen erreichbar. Im Sommer herrscht hier dennoch oft Hochbetrieb, denn der kleine Kiesstrand zieht zahlreiche Ausflügler an. Nach der Besichtigung der Abtei (und vielleicht einem Mittagessen in einem der Fischrestaurants des winzigen Ortes) kann man mit dem Schiff weiterfahren nach **Portofino** – oder sich auf die zweistündige Wanderung machen, die auf gut markierten Wegen nach Portofino führt. Am Anfang steht ein Anstieg von etwa 200 Höhenmetern, dann geht es hoch über dem Meer mit herrlichen Ausblicken auf und ab. Wenn man schließlich die Piazza von Portofino erreicht, hat man seinen Campari wohl verdient – aber Vorsicht: Die Rechnungen der Cafés und Bars wirken auch ohne vorangehende Wanderungen wie Schläge in die Magengrube! Weiter nach **Santa Margherita Ligure** (s. S. 71) geht es wiederum mit dem Schiff – oder mit dem Linienbus, der allerdings häufig stark überfüllt ist. Von Santa Margherita erreicht man den Ausgangspunkt Camogli mit Bus oder Bahn.

EXTRA TOURS

Cinque Terre – Wanderwege über der Küste

Jahrhundertelang lagen die fünf Dörfer der Cinque Terre fast außerhalb der bekannten Welt. Das schwer zugängliche Gebiet war nur mit dem Schiff oder auf schmalen Maultierpfaden erreichbar. Kaum je verirrten sich Fremde hierher. Heute fahren jährlich Tausende von Deutschen, Schweizern, Amerikanern, Franzosen, Skandinaviern und natürlich Italienern in die Cinque Terre, seit 1998 zählen die malerischen alten Orte und die Landschaft zum Weltkulturerbe der UNESCO, seit 1999 ist die Region als Nationalpark ausgewiesen. Durch die lange Abgeschiedenheit blieb die Gegend so ›unberührt‹ wie kein anderer Küstenabschnitt Italiens. Keine Durchgangsstraße verbindet die weitgehend autofreien Orte, keine Neubauten verschandeln die Ufer. Farbige Häuser drängen sich in schmalen Buchten aneinander, darüber erhebt sich die Steilküste, deren Hänge einst mit Weinreben und Ölbäumen bepflanzt waren.

Heute wird nur noch der kleinere Teil des Landes kultiviert, denn die Arbeit an den steilen Hängen ist äußerst mühselig. Die wichtigste Einkommensquelle für die Einheimischen bildet mittlerweile der Tourismus. Vor allem bei Wanderern sind die Cinque Terre weltweit bekannt geworden, denn die alten Verbindungswege zwischen den Orten führen durch eine aufregend schöne Landschaft.

Die schmalen, oft steinigen Pfade der Cinque Terre sind keine Spazierwege. Gutes Schuhwerk – am besten leichte Wanderschuhe – ist erforderlich. Wegen des starken Andrangs wird es vor allem in den Frühjahrs- und Herbstmonaten auf den Wegen manchmal unerfreulich voll; dann wandert man am besten am frühen Morgen oder spätnachmittags.

Die klassische Cinque-Tour verbindet alle fünf Dörfer miteinander. Auf einem gut markierten Pfad gelangt man vom größten Ort **Monterosso** (s. S. 60) in knapp zwei Stunden nach **Vernazza** (s. S. 80). Dabei muss man zunächst auf einem Treppenanstieg 200 m Höhe gewinnen, anschließend führt der Pfad am Hang mit herrlicher Aussicht wei-

Der Weg von Vernazza nach Corniglia ist morgens und abends am schönsten

ter. Hinter Vernazza geht es nochmals auf rund 200 m Höhe, dann erreicht man in einem allmählichen Abstieg den kleinsten Ort der Cinque Terre, **Corniglia** (s. S. 80, ab Vernazza 1.30 Std.). Die nächsten Abschnitte sind bequemer zu gehen. Bis **Manarola** (s. S. 59, ab Corniglia 45 Min.) führt der Weg mit nur geringen Anstiegen direkt am Meer entlang. Schließlich folgt das berühmteste Teilstück, die **Via dell'Amore** zwischen Manarola und **Riomaggiore** (s. S. 59, ab Manarola 25 Min.). Nach der vorangehenden Wanderung wirkt die Via dell'Amore allerdings etwas enttäuschend: Auf dem gepflasterten, ebenen Fußweg von anderthalb Kilometern Länge bewegt sich in der Saison ununterbrochen eine Masse von Spaziergängern.

Eine weitere beliebte Wanderung führt von Riomaggiore nach **Portovenere** (s. S. 64). Bei der knapp fünfstündigen Tour sind 600 Höhenmeter An- und Abstieg zu bewältigen. Dafür genießt man herrliche Ausblicke von den schmalen Pfaden hoch über dem Meer. Unbedingt empfehlenswert ist die Rückfahrt von Portovenere mit dem Schiff, am besten bis Monterosso – dabei sieht man die gesamte Cinque-Terre-Küste vom Meer aus. (Das letzte Schiff ab Portovenere fährt normalerweise um 16.45 Uhr, Auskunft: Tel. 01 87 73 29 87.)

Ein Höhepunkt ist die Strecke von **Corniglia** über **Volastra** nach **Manarola.** Sie ist zwar vergleichsweise kurz (rund 2.30 Std.), aber dennoch nicht zu unterschätzen: Zunächst geht es 350 m steil hinauf. Doch der Blick über die berühmten Weinterrassen der Cinque Terre lohnt die Anstrengung. Von Volastra führt ein Treppenabstieg durch Ölbaumhaine zurück ans Meer.

Im Cinque-Terre-Gebiet und der näheren Umgebung gibt es zahlreiche weitere schöne Wanderwege. Kartenmaterial und detaillierte Führer sind (auch in deutscher Sprache) vor Ort erhältlich, z. B. in Monterosso im Zeitungsgeschäft Piazza Colombo 5, in Corniglia in der Bar Matteo, in Levanto im Buchladen Oppecini, Corso Italia 14.

Impressum/Fotonachweis

Fotonachweis

Titelbild: Santa Margherita Ligure
S. 2: Sestri Levante, »Bucht der Stille«
S. 4/5: Café in Camogli
S. 26/27: Vernazza

Daams, laif, Köln S. 60
Freyer, Ralf, Freiburg S. 1, 2, 6, 8, 10, 12, 13, 18, 26, 32, 36, 39, 41, 45, 49, 62, 64, 67, 72, 74, 80, 85, 89, 91
Zanettini, Fulvio (laif, Köln) Titel, S. 4, 9, 15, 19, 50, 54, 58, 71, 73, 87, 93

Kartographie: Berndtson & Berndtson Productions GmbH, Fürstenfeldbruck.

Alle in diesem Buch enthaltenen Angaben wurden vom Autor nach bestem Wissen erstellt und von ihm und dem Verlag mit größtmöglicher Sorgfalt überprüft. Gleichwohl sind inhaltliche Fehler nicht vollständig auszuschließen. Ihre Korrekturhinweise und Anregungen greifen wir gern auf.
Unsere Adresse: DuMont Reiseverlag, Postfach 101045, 50450 Köln, E-Mail: info@dumontreise.de; Internet: www.dumontreise.de

Die Deutsche Bibliothek – CIP-Einheitsaufnahme:

Hennig, Christoph:
Italienische Riviera/ Christoph Hennig.
- Köln : DuMont, 2002
(DuMont Extra)
ISBN 3-7701-5755-9

Grafisches Konzept: Groschwitz, Hamburg

Druck: Rasch, Bramsche
Buchbinderische Verarbeitung: Bramscher Buchbinder Betriebe

ISBN 3-7701-5755-9

Register